R.E.I. Editions

1

Tutti i nostri ebook possono essere letti sui seguenti dispositivi:
- Computer
- eReader
- iOS
- Android
- Blackberry
- Windows
- Tablet
- Cellulare

Degregori & Partners

La Leva Finanziaria e la Gestione del Rischio

Quaderni di Finanza 28

ISBN: 978-2-37297-2994
Disponibile anche in formato Ebook - ISBN: 978-2-37297-4288

Pubblicazione: novembre 2016
Nuova edizione aggiornata agosto 2022
Copyright © 2016 - 2022 R.E.I. Editions
www.rei-editions.com

I Quaderni di Finanza hanno lo scopo di promuovere la diffusione dell'informazione e della riflessione economico-finanziaria sui temi relativi ai mercati mobiliari nazionali e internazionali e alla loro regolamentazione.

Piano dell'Opera

3

Degregori & Partners

La Leva Finanziaria
e
la Gestione del Rischio

Quaderni di Finanza (28)

R.E.I. Editions

5

Indice

7

La Leva Finanziaria

La leva finanziaria è quel meccanismo tale per cui l'investitore, attraverso uno strumento derivato, controlla un determinato sottostante investendo solo una frazione del capitale necessario per acquisirne il possesso. In questomodo, quando il valore del sottostante si modifica, le variazioni percentuali dello strumento con leva sono maggiori rispetto a quelle dell'investimento diretto nel sottostante.

- La leva finanziaria è espressa dal rapporto tra il valore delleposizioni aperte e il capitale investito.

Attraverso l'utilizzo della leva finanziaria, quindi, un soggetto ha la possibilità di acquistare o vendere attività finanziarie per un ammontare superiore al capitale posseduto e, conseguentemente, di beneficiare di un rendimento potenziale maggiore rispetto a quello derivante da un investimento diretto nel sottostante ma, allo stesso tempo, si trova esposto al rischio di perdite molto significative.

Sono molti gli esempi di leva finanziaria, individuabili anche nell'ambito della nostra vita quotidiana, quale, ad esempio, l'utilizzo della leva finanziaria nell'attività immobiliare, la cosiddetta "leva del credito".

Nell'attività immobiliare, infatti, utilizzare la leva finanziaria significa ricorrere al debito, leggasi mutuo bancario, come fonte di finanziamento per l'acquisto dell'immobile, soluzione presa in considerazione da chi non ha tutta la somma a disposizione per acquistare una casa.

Supponiamo di acquistare una casa del valore di 200.000 euro, disponendo di 40.000 euro; il resto della cifra, 160.000 euro, è, quindi, messo a disposizione dalla banca, il che ci porta a concludere che stiamo utilizzando una leva 1 a

5 in quanto, investendo 1 (40.000 euro) controlliamo 5 volte il capitale investito (200.000 euro). A questo punto, se volessimo rivendere la casa e trovassimo un acquirente disposto a comprare pagando 240.000 euro, realizzeremmo un profitto, al lordo degli interessi bancari per il mutuo, di 40.000 euro, quindi, un profitto pari al 20%:

acquisto a 200.000 meno vendita a 240.000 =
40.000 di guadagno = 20%

In realtà, il nostro profitto non è del 20% (40.000/200.000), ma del 100%, in quanto personalmente abbiamo pagato (investito) solo i nostri 40.000 euro con un ritorno di pari importo in termine di guadagno:

(40.000 investiti/40.000 guadagnati = 100%)

Questo è un classico esempio di leva finanziaria, altrimenti chiamata, nel caso specifico, leva del credito.
Tuttavia, se, al contrario, dopo esserci esposti per 160.000 euro con la banca non avessimo trovato un acquirente disposto ad acquistare la nostra casa o se fossimo stati costretti a venderla a un prezzo inferiore, ci saremmo trovati a contabilizzare una notevole perdita finanziaria di percentuale variabile in base al prezzo di vendita pattuito.
Nell'esempio, se avessimo dovuto vendere la nostra casa per 160.000 euro, avremmo contabilizzato, sempre escludendo gli oneri finanziari dovuti alla banca per il mutuo, una perdita di 40.000 euro, pari quindi al 20% del valore dell'immobile, cosa che avrebbe comunque consentito di rimborsare integralmente la banca per il mutuo ricevuto; tuttavia, in realtà la nostra perdita non sarebbe stata del 20% bensì del 100%, pari all'integralità della somma inizialmente messa a disposizione e pari quindi al 100% del nostro

investimento. Sapere come funziona la leva è, quindi, il requisito fondamentale per tutti coloro che vogliono iniziare a fare trading.

La leva finanziaria viene utilizzata nel mercato del Forex, nel trading su azioni, indici, materie prime ed è una delle caratteristiche principali del trading su CFD (Contract For Difference); la leva più alta è quella offerta dai broker sul mercato delle valute, per poter trarre profitto anche dai minimi movimenti dei tassi di cambio. Il Forex, infatti, è un mercato a leva particolarmente elevata, dove alcuni broker arrivano a offrire una leva di 1:400 e superiore; naturalmente una leva tanto elevata implica dei rischi, dicui è necessario essere ben consapevoli.

La leva finanziaria è una componente fondamentale del trading attraverso la quale possiamo andare a investire cifre molto più grosse di quelle di cui realmente disponiamo.

La leva viene espressa come: 1:X, dove X può assumere valori che vanno da 5 a 400 o addirittura 500 in base al broker con cui trattiamo e in base al sottostante di riferimento.

Ad esempio, usare una leva 1:100 significa che per 1 euro che investiamo, in realtà stiamo muovendo ben 100 euro, di conseguenza con la somma di 100 euro siamo in grado di investire ben 10.000 euro.

Generalmente, i rapporti di leva più utilizzati sono i seguenti:

- 1:5
- 1:10
- 1:20
- 1:50
- 1:100
- 1:200
- 1:400

Perciò, se utilizziamo una leva 1:5, significa che per ogni

euro in realtà muoveremo 5 euro, mentre se utilizziamo una leva 1:200, per 1 euro muoveremo ben 200 euro.

Essendo la leva offerta dal broker con cui intratteniamo rapporti di conto, le leve finanziarie disponibili possono variare e non è detto che si trovino per forza le leve precedentemente elencate.

- Il vantaggio principale della leva è che ci consente di mantenere più liquidità in portafoglio, dato che bisogna vincolare solo una piccola parte del valore dei beni cui siamo interessati; grazie alla leva, infatti, possiamo ottenere un'esposizione molto più grande di quella che otterremmo con il possesso fisico dei titoli, consentendoci di sfruttare al meglio il nostro capitale da investire in una serie di beni diversi anziché limitarci a uno o due soltanto.

Dobbiamo, tuttavia, ricordare che operando con la leva rinunciamo a tutti i vantaggi derivanti dall'effettivo possesso del titolo (in caso di azioni diritto di voto e incasso dei dividendi) o consegna (nel caso di futures); inoltre è essenziale ricordare che ci potrebbe essere richiesto di versare un margine addizionale per coprire le perdite, qualora il mercato si dovesse muovere nella direzione contraria a quella prevista.

Anche le aziende utilizzano le leve per investire in beni dai quali ricavare un rendimento relativamente elevato, utilizzando il debito per finanziare le attività; questo perché le aziende ritengono di poter ricavare da questi investimenti una somma superiore al costo degli interessi che devono pagare sul loro debito.

Essendo che la leva finanziaria consente agli investitori di generare movimenti di grandi entità semplicemente utilizzando a leva pochi limitati soldi, ciò provoca che i movimenti finanziari che si vanno a generare, per somma di

14

cose, si ritroveranno ad essere sempre fuori misura rispetto all'economia reale.

Gli investitori e le aziende hanno a disposizione un'ampia gamma di prodotti a leva, che copre pressoché tutti i mercati cui possiamo essere interessati, con innumerevoli modalità di negoziazione di questi prodotti. Possiamo, infatti, scegliere tra:

- Broker - Possiamo avvalerci di un broker che agisca da intermediario tra noi e l'investimento prescelto; i broker possono essere singoli individui oppure organizzazioni che offrono una serie di servizi d'investimento.

- Futures - Un contratto futures è un accordo, tradizionalmente stipulato sulla piazza di scambio dei futures, per comprare o vendere un bene in un dato momento futuro a un prezzo prestabilito.

- Trading Forex - Il trading Forex è semplicemente la speculazione sul valore futuro di diverse valute confrontate tra loro. Si opera sui movimenti relativi di una coppia di valute, di cui le principali sono euro contro dollaro e sterlina contro dollaro.

- CFD - Un CFD (Contract For Difference) è un accordo che consente di scambiare la differenza di valore di un bene tra il momento in cui il contratto viene aperto e quello in cui viene chiuso. I CFD sono prodotti a leva finanziaria che possono dar luogo a perdite che addirittura eccedono il capitale inizialmente versato.

- Opzioni - Le opzioni sono contratti che conferiscono al possessore il diritto, ma non l'obbligo, di comprare o vendere a un prezzo prestabilito un bene sottostante, a una certa data

15

(opzione europea) o anche prima (opzione americana).
Possono essere utilizzate per speculare sulle prestazioni di un
particolare bene o per proteggere i propri investimenti.

Esempio

Vediamo come funziona il concetto di leva partendo da un
caso semplice. Ipotizziamo di avere 100 € a disposizione da
investire in un titolo.
Poniamo che le aspettative di guadagno o perdita siano pari al
30%; se le cose vanno bene, avremo 130 €, in caso contrario,
avremo 70 €. Questa è una semplice speculazione in cui
scommettiamo su un determinato evento.
Nel caso in cui decidessimo di rischiare di più investendo,
oltre ai nostri 100 €, anche altri 900 € presi in prestito, allora
l'investimento assumerebbe un'articolazione diversa poiché
utilizziamo una leva finanziaria di 1:10, investiamo cioè
1.000 € avendo a disposizione un capitale iniziale unicamente
di 100 €.
Se le cose andranno bene e il titolo sale del 30%, riceveremo
1.300 €, restituiamo i 900 presi in prestito con un guadagno
di 300 € su un capitale iniziale di 100, ottenendo, quindi, un
profitto del 300% con un titolo che in sé dava un 30% di
rendimento.
Ovviamente sui 900 € presi in prestito dovremo pagare un
interesse, ma il principio generale rimane valido: la leva
finanziaria permette di aumentare i possibili guadagni.
Considerando l'ulteriore caso dell'investimento in derivati.
Ipotizziamo di comprare un derivato che, tra un mese, dà il
diritto di comprare 100 grammi di oro a un prezzo fissato
oggi di 5.000 €. Le soluzioni sono due:

- Possiamo comprare fisicamente l'oro con un esborso di
  5.000 € e tenerlo aspettando che il prezzo salga per
  poi rivenderlo.

16

- Utilizziamo i derivati, per cui non dovremo avere 5.000 €, ma unicamente il capitale necessario per comprare il derivato stesso.

Mettiamo che una banca vende per 100 € il derivato che ci consente di comprare tra un mese gli stessi 100 grammi di oro a 5.000 €.

- Se tra un mese l'oro vale 5.500, lo possiamo comprare e rivendere immediatamente, realizzando un guadagno di 500 €. Tolti i 100 € del prezzo del derivato realizziamo con 100 € un profitto di 400 €, ovvero del 400%.
- Senza usare i derivati e la leva finanziaria, gli stessi 500 € li avrei potuti guadagnare solo a fronte di un investimento di 5.000 €, realizzando un profitto del 10%.

Le potenzialità dell'utilizzo della leva finanziaria sono chiare, ma attenzione, l'effetto moltiplicatore della leva finanziaria, descritto con gli esempi precedenti, funziona anche nel caso in cui l'investimento dovesse andare male.

Ad esempio, nel caso in cui decidessimo di investire 100 € in nostro possesso più un'ulteriore somma di 900 € presi in prestito, se il titolo si deprezzasse del 30%, rimarremmo con soli 700 € in mano; dovendo restituire i 900 € presi in prestito più gli interessi e considerando i 100 € del nostro investimento iniziale avremmo una perdita di oltre 300 € su un capitale iniziale di 100 €; in percentuale la perdita sarebbe, quindi, del 300% a fronte di una diminuzione del valore del titolo del 30%.

La leva finanziaria al quadrato

Altro elemento da tenere ben presente è che le diverse leve finanziarie si possono cumulare: in questo modo si realizzano operazioni di speculazione utilizzando una "leva finanziaria al quadrato" con evidenti riflessi sulle possibili potenzialità di guadagno... o di perdita.

- Ho solo 10 euro, ne prendo in prestito 90: prima leva di 1:10.
- Uso questi 100 euro per comprare un derivato con il quale controllo petrolio per 5.000 euro: seconda leva finanziaria di 1:50.
- Complessivamente, sto usando una leva finanziaria di 1:500, ovvero con 10 euro posso fare una speculazione per 5.000 euro.

Se la scommessa va come speriamo i profitti sono giganteschi, se però il petrolio cala anche solo di poco sono guai. Infatti, basta un calo dell'1%, ovvero, su 5.000 euro, di 50 euro, per farmi perdere non solo tutto il capitale iniziale, i10 euro, ma anche una parte di quello preso in prestito.

In altre parole, utilizzando leve finanziarie elevate, il rischio non è unicamente nostro, ma ricade anche su chi mi ha prestato i soldi.

Se avevo ottenuto il prestito da una banca e non posso restituirlo, questa registrerà una perdita. Il problema vero è che se anche questa seconda banca lavora con una leva finanziaria elevata, ripetendo il ragionamento ora esposto, anche per lei una perdita limitata può avere conseguenze catastrofiche.

Se una banca ha una leva di 1:50, basta una perdita di un cinquantesimo degli attivi per portarla a rischio default.

Continuando il ragionamento, se l'insieme del mondo finanziario lavora con una leva molto elevata prestandosi soldi a vicenda per moltiplicare investimenti e profitti, una perdita di un investitore rischia di innescare un effetto domino e di contagiare l'intera finanza mondiale.

Di fatto oggi gran parte delle grandi banche e degli investitori più aggressivi sfruttano leve finanziarie spropositate, come dire una sterminata montagna di debiti virtuali e di soldi che non esistono.

- E quando qualcosa va storto e il giocattolo si rompe devono intervenire gli Stati con giganteschi piani di salvataggio, perché le banche sono "too big to fail" e non possono essere lasciate fallire, anche perché sono "too interconnected to fail" e se ne salta una saltano tutte.

Esattamente quello che è avvenuto dopo la crisi del 2007, scaricando sugli Stati e, quindi, sui cittadini i debiti accumulati dal sistema finanziario.

Questo meccanismo della leva utilizzata con scatole che contengono altri strumenti finanziari a leva è quello che ha portato alla crisi Subprime del 2007-2008.

Le notizie segnalano che le grandi banche d'affari negli ultimi mesi hanno moltiplicato i loro profitti; se continuano a vincere, significa che una finanza ipertrofica e fine a se stessa, che genera instabilità e prosciuga l'economia reale, sta diventando sempre più grande e sempre più potente.

Se perdono, il rischio concreto è che nuovamente qualcuno debba intervenire per salvarle, ovvero che a tutti tocchi ripianare le perdite, accettando nuovi piani di austerità e stringendo la cinghia.

A questo punto possiamo già indicare i vantaggi e gli svantaggi nell'utilizzo della leva finanziaria.

Vantaggi

- Possibilità di incrementare i propri guadagni in maniera esponenziale.
- Consente di mantenere più liquidità in portafoglio in quanto il trader vincola solo una piccola parte del valore dei beni.
- Consente di ottenere un'esposizione più grande di quella che si potrebbe ottenere con il possesso materiale di un bene.

Svantaggi

- Possibilità di incrementare le perdite in maniera esponenziale arrivando a perdere l'intero capitale investito e oltre.
- Rinuncia di tutti i vantaggi legati all'effettivo possesso in caso di azioni o anche della consegna in caso di futures.
- Potrebbe essere applicato un versamento addizionale per coprire tutte le perdite in caso di chiusura in perdita di un'opzione.

Leva e Warrant

I Covered Warrant possono essere agevolmente comprati e venduti, come le azioni, in qualsiasi momento durante la fase di negoziazione in continua sul mercato SeDeX. In questo modo monitorare il proprio investimento in continua è facile e veloce.

È possibile investire nei prodotti a leva anche per importi molto contenuti e senza dovere applicare il sistema di versamento dei margini di garanzia; in caso di guadagno, una piccola somma investita consente comunque di ottenere una performance elevata, mentre la perdita massima è limitata all'investimento iniziale.

- I Covered Warrant sono opzioni cartolarizzate che attribuiscono al compratore il diritto, ma non l'obbligo, di comprare (CW Call) o di vendere (CW Put) a un prezzo prefissato (prezzo strike) una determinata attività finanziaria sottostante entro (esercizio americano) oppure alla data di scadenza (esercizio europeo), a fronte del pagamento di un premio.

I Covered Warrant, generalmente, non attribuiscono all'investitore la facoltà di consegna dell'attività sottostante, ma riconoscono il pagamento del differenziale, se positivo, tra il valore del sottostante e il prezzo strike (CW Call) e fra il prezzo strike e il valore del sottostante (CW Put).
Il valore di un covered warrant varia generalmente in modo più che proporzionale al variare del valore del sottostante cui si riferisce per effetto del fenomeno della leva finanziaria.
Chi acquista un covered warrant, acquisisce quindi, a fronte del pagamento di un ammontare limitato, il diritto

all'acquisto o alla vendita di un ammontare di strumenti finanziari di entità superiore. In particolare, i covered warrant consentono all'investitore di beneficiare dell'effetto leva sulla posizione assunta: con un basso investimento, corrispondente al costo del covered warrant, si riesce a ottenere una maggiore partecipazione alla performance dell'attività sottostante, rispetto all'assunzione, a parità di investimento, di un'analoga posizione sul mercato sottostante.

- Si può affermare che la leva costituisce un indicatore del rischio assunto mediante l'acquisto di covered warrant, qualora il mercato si muova nella direzione opposta a quella attesa: un elevato valore della leva implica una maggiore rischiosità dello strumento finanziario.

La leva finanziaria è un indicatore che mette a confronto la redditività potenziale di uno strumento derivato come un covered warrant con quella dell'investimento diretto sull'attività sottostante. La leva finanziaria relativa a un covered warrant quantifica di quante volte il rendimento potenziale di quest'ultimo è superiore al rendimento dell'investimento diretto sull'attività sottostante.
Possiamo calcolare la leva finanziaria sulla base della seguente formula:

Leva Finanziaria =
Livello corrente dell'attività finanziaria / (Prezzo Covered Warrant/Multiplo) =

Livello corrente dell'attività finanziaria / (Prezzo Covered Warrant x Parità)

22

dove la leva indica di quanto il rendimento potenziale di un warrant supera quello di un investimento diretto sull'attività sottostante.

Non bisogna però dimenticare l'altra faccia della medaglia: la leva finanziaria può essere interpretata come un indicatore della rischiosità di un covered warrant; infatti, un maggiore rendimento potenziale implica una maggiore perdita potenziale, sempre in termini percentuali, se il mercato si dovesse muovere nella direzione opposta a quella attesa.

• La leva è un indicatore statico e può essere di scarso significato nel valutare la redditività potenziale dell'acquisto di un warrant, in quanto non tiene conto della volatilità attesa sull'attività sottostante. Si ricorre, perciò, più spesso all'uso del parametro ottenibile moltiplicando la leva lorda per il delta, più efficacemente indicativo dell'elasticità del warrant. Il delta è quel coefficiente finanziario che misura la variazione di prezzo di un warrant al variare del livello corrente dell'azione sottostante; in sostanza misura la sensibilità del prezzo del warrant ai movimenti del valore sottostante.

Esempio

Supponiamo di acquistare 2.000 warrant Ubi, a 0,075 con multiplo 0,05.
Ciò significa pagare un premio di 150 euro (2.000 x 0,075) per avere diritto poi a comprare 100 azioni a, ipotizziamo 12,30 euro: il nostro impegno di capitale è dunque di 150 euro (2.000 x 0,05), ma manovriamo un valore di azioni (100 azioni x valore di mercato) pari a oltre 6 volte il valore della nostra posizione in warrant.

Covered Warrant Call

I Covered Warrant Call sono strumenti adatti a investitori con aspettative rialziste sull'underlying (sottostante). Offrono, infatti, crescenti possibilità di guadagno a patto che il valore dell'attività sottostante continui nel proprio trend rialzista.

Un investitore sceglie, generalmente, un Covered Warrant su un'attività sottostante a cui associa una possibilità di rialzo. Questi strumenti, riconoscono all'investitore il diritto a incassare il valore intrinseco, ovvero il differenziale tra la quotazione di mercato dell'attività sottostante e il prezzo di esercizio del Covered Warrant. L'acquirente di un Covered Warrant Call però realizza un profitto netto solo a partire dal momento in cui il valore intrinseco è maggiore del premio pagato per l'acquisto dello strumento.

Al momento dell'esercizio l'importo di liquidazione è dato dal valore maggiore tra zero e:

(Prezzo di riferimento del sottostante - Prezzo di esercizio)x

Multiplo

dove con multiplo si indica la quantità di sottostante controllata da ciascun Covered Warrant.

Si può notare con immediatezza come, a fronte di perdite massime pari al premio pagato, le possibilità di guadagno per l'investitore siano in teoria illimitate e in generale tanto più elevate quanto maggiore è il rialzo del sottostante.

Covered Warrant Put

I Covered Warrant Put sono strumenti adatti a investitori con aspettative ribassiste sull'underlying. Offrono, infatti, crescenti possibilità di guadagno a patto che il valore dell'attività sottostante continui nel proprio trend ribassista. Contrariamente a quanto avviene per i Call, un investitore sceglie generalmente un Covered Warrant Put su un'attività sottostante da cui si attende un andamento negativo, un movimento al ribasso.

I Covered Warrant Put, riconoscono all'investitore il diritto a incassare il differenziale tra il prezzo di esercizio e la quotazione di mercato dell'attività sottostante.

L'acquirente di un Covered Warrant Put monetizza, dunque, il valore intrinseco se a scadenza il livello del sottostante è inferiore a quello d'esercizio, ma realizza un profitto netto solo a partire dal momento in cui il valore intrinseco è maggiore del premio pagato per l'acquisto dello strumento.

Al momento dell'esercizio l'importo di liquidazione è dato dal valore maggiore tra zero e:

(Prezzo di esercizio - Prezzo di riferimento del sottostante)x

Multiplo

dove con multiplo si indica la quantità di sottostante controllata da ciascun Covered Warrant.

Nel caso di un covered warrant put il profitto potenziale è limitato poiché il valore dell'attività sottostante non potrà mai essere negativo mentre la perdita massima è pari al premio pagato per l'acquisto.

25

Leva e Futures

I futures sono contratti a termine standardizzati per poter essere negoziati facilmente in Borsa. Il contratto future è un contratto uniforme a termine su strumenti finanziari, con il quale le parti si obbligano a scambiarsi alla scadenza un certo quantitativo di determinate attività finanziarie, a un prezzo stabilito; ovvero, nel caso di future su indici, a liquidarsi una somma di denaro pari alla differenza fra il valore dell'indice di riferimento alla stipula del contratto e il valore dello stesso indice nel giorno di scadenza. Anche i future sono quindi contratti a termine.

- Si differenziano dai forward per essere standardizzati e, quindi, negoziati sui mercati regolamentati. La standardizzazione consiste nella definizione del taglio unitario, della scadenza contrattuale e della modalità di negoziazione attraverso la Clearing House (Cassa dicompensazione).

La peculiarità di essere standardizzati rende questi contratti *interscambiabili* tra loro. Ciò rende possibile annullare impegni di acquisto o di vendita tramite compensazione, stipulando un contratto di segno opposto all'originale. In questo modo, verrà evitata la consegna dell'attività sottostante il contratto. L'acquisto di future corrisponde a una aspettativa di rialzo dell'attività sottostante; la vendita, invece, sottende un'aspettativa al ribasso.

- Se le intenzioni fossero speculative, la vendita del future dovrà essere effettuata prima della scadenza contrattuale; se, invece, le intenzioni sono di coprire un futuro acquisto/vendita della commodity sottostante, il future permette una copertura senza rischi di oscillazioni del prezzo, e si aspetterà la scadenza prevista per provvedere all'acquisto/vendita della commodity stessa.

Il loro prezzo – che risulta, come tutti i titoli quotati, dalle negoziazioni – è anche detto future price. Il future price corrisponde al prezzo di consegna dei contratti forward ma, essendo quotato, non è propriamente contrattato fra le parti in quanto, come tutti i titoli quotati, è il risultato dell'incontro delle proposte di acquisto immesse da chi vuole acquistare con le proposte di vendita immesse da chi intende vendere. Viene di norma indicato in "punti indice". Con riguardo alle tipologie di Futures si distinguono:

- Commodity Future - con un commodity future la controparte si impegna ad acquistare oppure a vendere una prefissata quantità di merce a una data prefissata e a un determinato prezzo.

- Financial Future - strumenti finanziari derivati, la cui caratteristica è quella di fondare il loro valore su altri strumenti finanziari di base sottostanti al contratto derivato stesso.

I Financial Future si dividono a loro volta in:

- Currency Future: si tratta di contratti il cui oggetto contrattuale è una valuta.

- Interest Rate Future: lo strumento finanziario sottostante è rappresentativo di un tasso di interesse. In altri termini si tratta di un contratto che impegna a consegnare o a ricevere uno strumento finanziario che può consistere in Titoli di Stato o altre attività finanziarie. In sostanza, sono contratti che rappresentano l'impegno alla cessione o all'acquisto a termine di titoli a tasso fisso, generalmente Titoli di Stato, con caratteristiche determinate, a un prezzo

prefissato.
- Stock Index Future - future relativi agli indici di Borsa.
- Equity o Stock Future - future sulle azioni.

La standardizzazione dei contratti futures fa sì che esistano serie di contratti uguali per:
- Oggetto: cioè il bene sottostante al contratto.
- Dimensione: cioè il valore nominale del contratto. Si ottiene moltiplicando il prezzo, di norma indicato in punti indice, per un moltiplicatore convenzionalmente stabilito.
- Date di scadenza: si osserva un calendario prefissato con un numero limitato di scadenze, in genere quattro volte per anno.
- Regole di negoziazione tra cui:
  ➢ Gli orari di contrattazione.
  ➢ La variazione minima di prezzo che può essere quotata sul mercato future, c.d. tick.
  ➢ Le modalità di liquidazione delle transazioni.
  ➢ I luoghi di consegna.

La standardizzazione dei contratti e la possibilità di negoziarli in mercati regolamentati comportano importanti effetti:
1. Le parti possono "contrattare" solamente il prezzo del contratto (anche se una contrattazione vera e propria fra due parti, essendo il titolo quotato, non c'è).
2. La possibilità di una chiusura anticipata di una posizione in future, senza aspettare la scadenza, attraverso la sua negoziazione.
3. Un notevole guadagno in termini di liquidità degli scambi e, di conseguenza, di riduzione dei costi sopportati dagli operatori.

Il mercato dei Futures ha origine agli albori del 1800. Nel 1848 venne fondato il Chicago Board Of Trade, primo mercato dove vennero scambiati contratti futures regolamentati. I primi contratti ebbero come merce di riferimento il grano, mentre bisogna aspettare il 1972 per veder comparire i primi Futures su valute scambiati presso l'International Monetary Market. Poco dopo le contrattazioni vennero ampliate ai tassi d'interesse, mentre il 24 Febbraio del 1983 il Kansas City Board Of Trade diede il via al primo scambio di Futures sugli indici,il Line Composit Index. Il principio di "non arbitraggio" è l'ipotesi base su cui si fonda la derivazione del prezzo di un generico future. Tale principio afferma che, in equilibrio, il profitto generato da un'operazione finanziaria priva di rischio deve essere nullo. In base a questo criterio il prezzo del Future è determinato correttamente, se non è possibile ricavare un profitto da operazioni sul mercato a pronti e su quello a termine. Nella realtà sono due le operazioni che si possono fare e sono chiamate rispettivamente:

- Cash and carry - si acquista a pronti il titolo prendendo a prestito la somma necessaria e contemporaneamente si vende il relativo contratto Future. Alla scadenza del future si consegna il titolo sottostante e con la somma incassata si restituisce il prestito.

- Reverse cash and carry - si inverte il discorso fatto, vale a dire, si vende il titolo e si acquista il Future.

Il contratto Future ha assunto nelle borse mondiali una valenza altamente speculativa, e questo essenzialmente a causa del suo effetto leva.
Consideriamo il nostro FTSE MIB ovvero il Future sull'indice S&P/MIB: Il contratto FIB è quotato in punti indice; ogni

punto indice di variazione comporta una variazione di 5 euro.

- Il movimento minimo di prezzo (tick) è pari a 5 punti indice(25 €).

Il valore del contratto è dato dal prodotto fra il prezzo del future e il valore del moltiplicatore del contratto. Pertanto, prendere posizione sul Future al valore di 28.000 significa prendere posizione su 28.000 x 5 € = 140.000 €. La banca ci applicherà un Margine che si attesta mediamente tra il 7,75% e il 12% del controvalore delcontratto. Supponiamo, per semplicità, che il Margine inizialmente versato sia pari al 10%, cioè a 14.000 Euro: ebbene, noi siamo in grado, impiegando una simile somma, di "controllare" un importo nettamente superiore, o meglio, nella realtà controlliamo ben poco, sarebbe più corretto dire che con 14.000 euro possiamo prendere posizione su un sottostante del controvalore di 140.000 disponendo in pratica di un rapporto di leva pari a 10.

- La proprietà basilare del Future è che questo effetto leva è ilmedesimo, sia per i profitti che per le perdite, o quasi, in quanto è d'obbligo una piccola distinzione.

Al ribasso, il sottostante al massimo può giungere a zero, e, quindi, la perdita massima possibile, o profitto per chi è dalla parte giusta, ammonterebbe a 140.000 €, mentre al rialzo, almeno in teoria, non ci sono limiti, potendo il sottostante raggiungere i 50.000, 75.000 punti, o più. Riflettendo su questa circostanza è facilmente comprensibile come un simile strumento finanziario, se utilizzato in modo scriteriato, possa facilmente condurrealla rovina, così come, utilizzato correttamente possa produrre ottimi risultati.

FTSE MIB Future

- Simbolo: FIB.
- Sottostante: indice FTSE MIB.
- Quotazione: punti indice.
- Valore del contratto: 5 Euro per ogni punto indice.
- Movimento minimo di prezzo: 5 punti indice (25 Euro).
- Scadenze: sono contemporaneamente quotate le quattro scadenze trimestrali del ciclo marzo, giugno, settembre e dicembre. Una nuova scadenza viene quotata il primo giorno di borsa aperta successivo all'ultimo giorno di negoziazione della precedente scadenza
- Ultimo giorno di negoziazione: terzo venerdì del mese di scadenza, ore 09:10.
- Margine iniziale: deve essere versato quando la posizione è mantenuta aperta a fine giornata.
- Margine di variazione: giornaliero; è calcolato come differenza, nel primo giorno in cui la posizione è aperta, tra il prezzo di carico del future FTSE MIB e il suo prezzo di chiusura o, nei giorni successivi, tra la chiusura e quella precedente. Il regolamento del margine giornaliero é ammesso solo per contanti.
- Prezzo di chiusura giornaliero: prezzo medio ponderato per le quantità dell'ultimo 10% dei contratti future FTSE MIB scambiati nella giornata.
- Regolamento: per contanti, in base al prezzo finale di regolamento.
- Prezzo di regolamento: è pari al valore dell'indice FTSE MIB calcolato sui prezzi di apertura degli strumenti finanziari che lo compongono rilevati il

giorno di scadenza. Qualora il prezzo di asta di apertura di uno o più strumenti finanziari componenti l'indice non possa essere determinato o vi sia la ragionevole certezza che su uno o più strumenti finanziari componenti l'indice non vi saranno negoziazioni nella seduta, Borsa Italiana ne fissa il prezzo ai fini della determinazione del valore dell'indice, sulla base del il prezzo dell'ultimo contratto concluso nella seduta precedente e tenuto conto di eventuali altri elementi oggettivi a disposizione. Borsa Italiana, tenuto conto di eventuali altri elementi oggettivi a disposizione, può stabilire un prezzo diverso.

Mini FTSE MIB Future

- Simbolo: MINI.
- Sottostante: indice FTSE MIB.
- Quotazione: punti indice.
- Valore del contratto: 1 Euro per ogni punto indice.
- Movimento minimo di prezzo: 5 punti indice (5 Euro).
- Scadenze: marzo, giugno, settembre, dicembre (in ogni momento sono trattate solo le due scadenze più prossime).
- Ultimo giorno di negoziazione: terzo venerdì del mese di scadenza, fino alle ore 09:10.
- Margine iniziale: il calcolo dei margini iniziali e di variazione segue gli stessi principi utilizzati per il contratto future FTSE MIB.

Nel caso di portafogli comprendenti sia posizioni MiniFTSE MIB che posizioni future FTSE MIB, ciascuna posizione future FTSE MIB viene convertita in un numero equivalente di posizioni MiniFTSE MIB nel rapporto di 1 a 5.

Esempio

- Il margine iniziale è pari al 10%.
- Acquisto di 1 future FTSE MIB a 47.000 (che equivale, ai fini del calcolo dei margini all'acquisto di 5 MiniFTSE MIB)
- Vendita di 3 MiniFTSE MIB A 47.010
- Posizione aperta: + 2 MiniFTSE MIB
- Prezzo di chiusura future FTSE MIB scadenza corrente: 48.000

33

- Margine iniziale = 10% * 48.000 * 2 (= numero di posizioni aperte) = 9.600 €
- Margine di variazione: (48.000 - 47.000) * 1 * 5 + (47.010 - 48.000) * 3 * 1 = 2.030 € che equivale a (convertendo tutta la posizione in MiniFTSE MIB) (47.010 - 47.000) * 3 * 1 + (48.000 - 47.000) * 2 * = 2.030 €
- Prezzo di chiusura giornaliero: prezzo medio ponderato per le quantità dell'ultimo 10% dei contratti future FTSE MIB scambiati nella giornata.
- Regolamento: per contanti, in base al prezzo finale di regolamento.
- Prezzo di regolamento: il prezzo di regolamento è pari al valore dell'indice FTSE MIB calcolato sui prezzi di apertura degli strumenti finanziari che lo compongono rilevati ilgiorno di scadenza.

Qualora il prezzo di asta di apertura di uno o più strumenti finanziari componenti l'indice non possa essere determinato o vi sia la ragionevole certezza che su uno o più strumenti finanziari componenti l'indice non vi saranno negoziazioni nella seduta, Borsa Italiana ne fissa il prezzo ai fini della determinazione del valore dell'indice, sulla base del il prezzo dell'ultimo contratto concluso nella seduta precedente e tenuto conto di eventuali altri elementi oggettivi a disposizione.
Borsa Italiana, tenuto conto di eventuali altri elementi oggettivi a disposizione, può stabilire un prezzo diverso.

Mini FTSE MIB

Il MiniFTSE MIB ha caratteristiche analoghe al contratto future FTSE MIB, l'elemento principale di differenziazione sta nel fatto che il valore del contratto è pari a un quinto del valore del future FTSE MIB.

- La valorizzazione di ognipunto indice è, quindi, pari a 1 Euro anziché 5 Euro. Quindi, se il miniFIB quota 50.000 punti indice, il contratto vale 50.000 x 1 euro = 50.000 euro, mentre se l'indice FTSE FIB quota 50.000 punti indice, il contratto vale 50.000 x 5 euro = 250.000 euro.

Il miniFIB è un contratto future sull'indice azionario FTSE MIB, cioè un contratto standardizzato di acquisto o di vendita dell'indice, a una data futura, per un prezzo prefissato.

Chi acquista un contratto future miniFIB apre una posizione lunga sul mercato, di acquisto a termine dell'indice azionario FTSE MIB (guadagna quando l'indice FTSE MIB sale).

Viceversa, chi vende un contratto miniFIB assume una posizione corta sul mercato, di vendita a termine dell'indice (guadagna quando l'indice FTSE MIB scende).

Alla scadenza del contratto verrà regolata la sola differenza monetaria (cash settlement) tra il valore del contratto al momento dell'acquisto/vendita e il valore alla scadenza del contratto. Alla fine di ciascuna giornata di contrattazione, qualora l'investitore abbia una posizione aperta in miniFIB, si determina, sulla base del prezzo di chiusura, il valore mark to market della posizione in essere, cioè il credito/debito generato dalla posizione rispetto al giornoprecedente.

Se il miniFIB si muove al rialzo da 30.000 a 30.005, sulle

posizioni lunghe in miniFIB verranno accreditati 5 euro per contratto, mentre sulle posizioni corte verranno addebitati 5 euro per contratto. Nel caso in cui si manifestino ampie e repentine variazioni di prezzo la Cassa può richiedere i Margini Aggiuntivi Infragiornalieri per ristabilire il rapporto tra il livello di margine iniziale prefissato e il valore del contratto.

L'esposizione al mercato risulta essere 10 volte superiore al capitale investito: con un esborso limitato si assume una posizione sul FTSE MIB di valore 10 volte superiore al capitale investito. Infatti, un contratto miniFIB equivale ad avere una posizione sul mercato del valore di circa 28.000 euro e il capitale necessario per acquistare o vendere un contratto è appunto di 2.870 euro. I due contratti Mini FIB e FTSE FIB hanno caratteristiche omogenee e offrono le stesse opportunità di investimento e di trading.

Tuttavia, la dimensione del contratto miniFIB è molto più piccola, pari a un quinto della dimensione del FTSE FIB.

- Il contratto miniFIB ha un valore pari alla quotazione del miniFIB moltiplicato per 1 euro (circa 28.000 euro).

- Il contratto FTSE FIB ha un valore pari alla quotazione del FTSE MIB moltiplicato per 5 euro (circa 140.000 euro).

- L'investimento richiesto per acquistare/vendere il miniFIB, pari al 10,25% circa di tale valore, è inferiore a 2.870 euro.

- Per investire nel FTSE FIB occorrono quasi 15.000 euro (2.870 x 5 = 14.350 euro).

Leva e CFD

L'uso della leva finanziaria rappresenta uno dei punti di forza del trading con i CFD (Contract For Difference) ma deve essere compreso a fondo per evitare potenziali tranelli. Per illustrare questo concetto, ci avvaliamo di un esempio dettagliato in cui mostriamo la negoziazione di un CFD azionario con leva finanziaria. I CFD sono prodotti a leva finanziaria e possono pertanto dar luogo a perdite che eccedono il capitale inizialmente versato. La maggior parte dei CFD non hanno scadenza, quindi si è liberi di tenere aperta la propria posizione per quanto si desidera, andando tuttavia incontro ai costi di overnight, ovvero dei piccoli premi percentuali che spettano al broker in cambio del mantenimento della posizione durante la notte. E' importante evidenziare che i CFD sono strumenti pensati per ottenere risultati in breve tempo, comprando in un mercato al rialzo o al ribasso, al fine di trarre profitto dalle variazioni al rialzo o al ribasso di un titolo.

Oltre che sulle azioni, i CFD consentono di negoziare al rialzo e al ribasso su molteplici strumenti finanziari quali:

- Materie prime - I CFD sulle materie prime consentono di fare trading su petrolio, oro, argento, rame, gas naturale ed altre tipologie, come quelle alimentari (soia, caffè, zucchero, cotone ccc.). Anche per le materie prime le leve finanziarie proposte dai broker sono solitamente molto alte. Essendo le quotazioni di alcune materie prime molto volatili, prima della negoziazione con fondi reali si consiglia uno studio preventivo della materia prima che si desidera negoziare.
- ETF - I CFD sugli ETF hanno come sottostante dei

fondi di tipo Exchange Traded Fund. Questi sono dei particolari fondi i cui titoli vengono scambiati come le azioni e sono contraddistinti da alta liquidità e bassi costi gestionali. I CFD consentono di scambiarli al rialzo e al ribasso in modo semplice e con una buona varietà di fondi.

• Forex - I CFD sul Forex consentono di operare sul mercato valutario, quindi aprire posizioni al rialzo o al ribasso su coppie valutarie come EUR/USD, USD/JPY, EUR/GBP e tantissime altre. I vantaggi del trading sul Forex con i CFD comprendono l'alta leva offerta dai broker, fino a 1:400, e dagli spread, più vantaggiosi rispetto agli altri strumenti finanziari. Minore è lo spread, ovvero la differenza tra prezzo di acquisto e di vendita del CFD, più conveniente è aprire una posizione su uno strumento finanziario.

• Indici - I CFD su indici solitamente fanno riferimento ai principali indici di borsa dei mercati azionari, come il Dow Jones, il FTSE MIB di Piazza Affari, o la Borsa di Francoforte, ma anche a indici di tipo Mid Cap, ovvero che racchiudono i titoli azionari di media capitalizzazione. I broker consentono allo stesso modo di fare trading su indici di altro genere, come ad esempio l'indice VIX, ovvero l'indice della volatilità, e altri ancora.

• Opzioni - I CFD sulle opzioni sono una novità che consente di aprire posizioni sui Call e Put relativi a opzioni su indici e di altro genere. Sono uno strumento finanziario relativamente nuovo e consigliato per chi inizia la propria attività di trading.

Non essendoci dei contratti standard per i CFD, ogni società può determinarne i propri, pur attenendosi ad alcuni punti comuni quali:

- Il contratto per differenza ha inizio quando l'investitore apre una posizione al rialzo o al ribasso su un determinato strumento e ha fine quando chiude la posizione sullo stesso.
- Il guadagno o la perdita dell'investitore sarà proporzionale alla variazione di prezzo intervenuta tra l'apertura e la chiusura della posizione.
- Come compenso per il proprio servizio, il broker applica solitamente uno spread ovvero un differenziale tra il prezzo di acquisto e vendita all'apertura. Può inoltre aggiungere commissioni per servizi extra, overnight (tassa di servizio finanziario notturno) e in taluni rari casi anche una parcella manageriale nel caso in cui offra la gestione del portafoglio.
- Avvenuta la chiusura giornaliera del mercato, una posizione viene reinvestita e portata al giorno seguente.

I CFD sono prodotti "di marginazione" e ciò vuol dire che il trader deve sempre mantenere il livello di margine minimo; nel caso in cui la somma di denaro depositata sulla piattaforma CFD scenda a un livello inferiore a quello del margine minimo, il broker effettuerà una margin call, chiamata a margine, in cui si chiederà al trader di coprire velocemente tali margini, che in caso contrario porteranno alla chiusura delle posizioni da parte del broker, al fine di tutelarsi.

Esempio

Supponiamo che le azioni di BNP siano attualmente quotate 6,16 euro.
Decidiamo di acquistarne 1.000.

Se acquistiamo attraverso un broker, senza considerare le commissioni, il nostro esborso sarebbe di: 1.000 x 6,16= 6.160 euro. Se acquistiamo le 1.000 azioni di BNP sotto forma di CFD, potremo utilizzare l'effetto leva e versare inizialmente solo una piccola parte dell'intero valore. Per titoli importanti quali BNP, il deposito richiesto è in genere del 5%.

Pertanto, per acquistare 1.000 azioni sotto forma di CFD pagheremmo 1.000 x 6,16 x 0,05 = 308 euro

Possiamo chiaramente vedere come l'uso della leva finanziaria ci abbia consentito di ridurre drasticamente il nostro esborso di capitale: 308 euro contro 6.160 euro. Nonostante questo, entrambe le operazioni ci offrono esattamente la stessa esposizione: se il prezzo dell'azione BNP sale o scende, il nostro profitto o la nostra perdita sarà esattamente la stessa indipendentemente dal fatto che abbiate acquistato le azioni fisicamente o abbiate utilizzato il servizio di trading CFD.
Supponiamo che BNP scenda a 5,82.
A questo punto decidiamo di limitare le perdite chiudendo la nostra posizione.
Se avessimo acquistato fisicamente 1.000 azioni, le venderemmo a 5,82 euro ottenendo:

1.000 x 5,82 = 5.820 euro, con una perdita di: 6.160 - 5820 = 340 euro, pari al 5,50%

Se avessimo, invece, acquistato 1.000 CFD azionari, la nostra perdita viene calcolata prendendo la differenza tra il valore di apertura e di chiusura dell'azione e moltiplicandolo per il numero di contratti acquistati.

In questo caso, BNP è scesa da 6,16 a 5,82, con una perdita di 0,34 euro, da cui: 1.000 x 0,34 = 340 euro, pari al 110%. La quantità della perdita è uguale in entrambi i tipi di transazione (340 euro), anche se con i CFD supera il deposito iniziale di 308 euro. È, quindi, importante pensare sempre in termini di valore totale della posizione e non soloal margine che abbiamo anticipato.

Leva e Forex

Il Forex trading è la negoziazione tra valute diverse, la compravendita di divise di paesi differenti con l'obiettivo di realizzare un profitto rivendendo successivamente a un prezzo maggiore la valuta acquistata.
Come in tutti i mercati regolamentati, anche il Forex trading ha le sue regole, e se una volta era possibile accedere al mercato della compravendita di valute solo ai grossi operatori, quali stati sovrani, banche centrali, grosse banche private o grandi società finanziarie o industriali, oggigiorno grazie allo strumento informatico e al collegamento Internet la possibilità di effettuare Forex trading si è aperta anche per i risparmiatori privati, che grazie a broker specifici possono effettuare operazioni con immediatezza e semplicità.
Il mercato Forex, cioè la negoziazione mediante compravendita di valute diverse (Forex trading, cioè Foreign Exchange, Cambio di valute estere) è stato storicamente prerogativa delle principali istituzioni finanziarie: Banche Centrali, grandi istituti bancari, merchant banks o fondi di investimento.
Negli ultimi anni, tuttavia, grazie alla diffusione delle reti telematiche veloci, è stato possibile rendere disponibile il mercato Forex anche agli utenti privati, che mediante un computer e un collegamento Internet sono in grado di accedere a piattaforme di trading Forex che non hanno nulla da invidiare a quelle dei grandi operatori. E' dunque ora possibile a chiunque visualizzare in tempo reale l'andamento delle quotazioni del mercato Forex, cioè tipicamente il prezzo di acquisto di una certa valuta espresso in termini di un'altra valuta, prezzo soggetto avariazioni continue legate a un gran numero di variabili, sia sostanziali, relative cioè

all'andamento dell'economia del paese al quale quella valuta appartiene, che tecniche, legate alle modalità specifiche di scambio proprio del mercato Forex, che prevedono scadenze fisse di alcuni tipi di contratto, momenti particolari dell'anno, del mese o della settimana nei quali hanno luogo particolari movimenti del cambio, ed eventi simili. Il primo dei due settori di analisi del mercato Forex, come qui sopra accennato, è detto il settore dell'analisi fondamentale, che è orientato a studiare i fattori concreti che possono portare una valuta a perdere valore rispetto a un'altra, valutando una serie di indicatori focalizzati sull'economia del paese in oggetto, quali il prodotto interno lordo (PIL), l'occupazione, l'inflazione, e molti altri.

Dal punto di vista invece delle modalità tecniche di negoziazione tra valute diverse, nel senso ad esempio di orari di apertura dei mercati, di zona geografica nella quale avvengono le trattazioni, di giorno della settimana o del mese, di andamenti particolari del grafico che visualizza il rapporto di cambio tra una divisa e l'altra, il mercato Forex può essere sottoposto all'altro tipo di studio, detto di analisi tecnica, che prescinde dai fattori sostanziali che stanno dietro agli andamenti dei tassi di cambio, ma evidenzia solo aspetti appunto tecnico-operativi tipici del mercato Forex considerato.

Il mercato Forex mondiale è attivo in generale 24 ore su 24 per 5 giorni alla settimana, dal lunedì al venerdì.

L'importo scambiato sul mercato della finanza Forex nel 2014 è stato superiore ai 4.000 miliardi di dollari USA, una cifra decisamente ragguardevole che fa del trading Forex il mercato più grande e più liquido dell'intero panorama planetario.

Il mercato Forex funziona tipicamente su coppie di valute: ogni divisa può essere espressa in termini di un'altra, e gli operatori offrono (o domandano) in ogni momento una valuta a un certo prezzo, cercando una controparte disposta a comprarla (o venderla) al prezzo proposto. Il grande numero di coppie di valute disponibili sul mercato Forex fa sì che sia sempre possibile trovare una coppia soggetta a una particolare volatilità, con andamenti variabili nel breve periodo anche di percentuali rilevanti, sulle quali il negoziatore (Forex trader) abile può cercare di guadagnare margini interessanti. Il tipico metodo per guadagnare col Forex è acquistare una valuta a un certo prezzo, e riuscire a rivenderla entro un certo lasso di tempo a un prezzo più alto.

- Il rapporto di cambio più utilizzato è l'USD/EUR che coinvolge il 28% delle transazioni. Gli altri due posti del podio sono occupati dal cambio tra il dollaro statunitense e lo yen (USD/JPY 14%), e tra il dollaro statunitense e la sterlina britannica (USD/GBP 9%).

A seguire il cambio USD/AUD (6%), USD/CAD (5%), USD/CHF (4%), EUR/JPY (3%) e EUR/GBP (3%).
Il dollaro, benché stia perdendo quote di mercato, resta la valuta principale, poiché è coinvolta in oltre l'84% degli scambi. L'euro ha una quota di mercato pari al 39%, piuttosto stabile nel corso degli anni duemila, mentre lo yen ha perso oltre sei punti percentuali e ha una quota di mercato pari al 19%, comunque superiore a quella della sterlina inglese.
Questi dati testimoniano l'importanza del dollaro e segnalano l'utilizzo del dollaro come valuta chiave (vehicle currency), cioè una valuta che viene ampiamente utilizzata per denominare contratti internazionali tra parti che nonrisiedono nel paese che emette la valuta chiave (si pensiagli scambi di materie prime).
Alla riduzione del peso delle maggiori valute, è corrisposta un'ascesa delle valute dei paesi emergenti, coinvolte ormai in quasi uno scambio su cinque. Teoricamente, possono essere quotate tutte le possibili coppie di valute. In pratica, tuttavia,

la gran parte degli scambi riguarda il dollaro e poche altre valute di riferimento. Ciò avviene poiché e più conveniente, ad esempio, se si vuole scambiare valuta israeliana con bath tailandesi, convertire shekel in dollari e poi scambiare i dollari ottenuti in cambio di bath, piuttosto che trovare un possessore di valuta tailandese disposto a comprare moneta israeliana (lo spread sarebbe elevato a causa della ridotta liquidità del mercato).

Allora i cross rates, anche se non quotati, possono essere calcolati come rapporto tra altri tassi di cambio:

(shekel/bath) = (shekel/USD) * (USD/bath)

Il Forex è un mercato Over The Counter (OTC); a differenza della borsa valori non esiste un'unica piazza finanziaria di riferimento, non c'è concentrazione degli scambi e le transazioni non sono standardizzate. Questa caratteristica, che tra l'altro permette di entrare sul mercato anche con importi minimi, è stata essenziale per la diffusione del mercato sia in termini geografici sia in termini di accessibilità a tutti i tipi di agenti. Inoltre la possibilità di decidere di volta in volta la quantità con la quale entrare sul mercato permette a chiunque di adottare strategie di money management e asset allocation.

Originariamente il trading sul Forex a condizioni competitive era appannaggio esclusivo delle maggiori banche mondiali, che concludevano transazioni tra di loro all'interno di un circuito riservato e gli ordini erano impartiti quasi esclusivamente via telefono.

A tale strumento di comunicazione si aggiunsero poi il telex, il fax, e poi altri strumenti collegati alla diffusione dei computer, fino ad arrivare alle moderne piattaforme di trading. Questa tecnologia ha permesso di rendere accessibile anche ai piccoli operatori la liquidità delle maggiori banche mondiali.

Effettuare operazioni di trading su valute può essere realisticamente considerato un metodo per utilizzare i propri capitali, tanto quanto l'acquisto di titoli di stato, di obbligazioni, di azioni o di uno degli innumerevoli prodotti finanziari che ormai il mercato offre ai risparmiatori. Proviamo a considerare se esiste davvero un sistema per investire Forex, una politica di allocazione dei propri asset che includa anche l'acquisto di una certa quota di investimento Forex, cioè di importi in divisa straniera tali da poter permettere di conseguire un utile nel caso il tasso di cambio tra quella determinata valuta e quella con la quale essa è stata comprata venga a variare, tanto da poter ottenere, al termine del periodo dell'investimento Forex, un controvalore superiore a quello che si era inizialmente speso per aprire quella posizione.

La risposta è naturalmente positiva, l'investimento Forex esiste eccome, e anzi, in questo panorama di mercati finanziari globalizzati la capacità di integrare nelle proprie strategie operative anche il controllo e lo sfruttamento delle variazioni dei ratei di conversione tra le monete di paese diversi fa dell'investimento Forex un ingrediente essenziale di qualsiasi paniere finanziario che non si limiti a un unico paese e quindi a un'unica valuta. L'investimento Forex più semplice consiste ovviamente nell'acquisto diretto di una valuta spendendo per comprarla fondi espressi in un'altra valuta: si possono ad esempio acquisire Franchi Svizzeri pagandoli in Dollari USA, e in tal caso sarà necessario riferirsi alla coppia di valute USD / CHF, che nel momento dell'acquisto avrà un suo saggio di cambio, che poniamo per esempio sia pari a 1,16 (per ogni cento dollari USA spesi si ricevono 116 Franchi Svizzeri).

Ora, se decidiamo di impiegare un totale di un milione di dollari USA per acquistare Franchi Svizzeri, il nostro investimento Forex vedrà un posizione attiva di un milione e centosessantamila CHF.

Se nel periodo successivo il valore del Franco Svizzero viene a crescere, e quindi sono necessari meno CHF per acquistare un USD, possiamo decidere a un certo punto di rivendere in nostri Franchi ricomprando dollari USA, e chiudere così il nostro investimento Forex.

Se paradossalmente alla fine del periodo considerato il tasso di cambio in oggetto fosse arrivato addirittura a 1,00, potremmo rivendere i nostri Franchi alla pari, e otterremmo ben 1.160.000 USD, con un profitto netto di 160.000 USD, il 16% dell'importo inizialmente investito.

Questo è l'utile del nostro investimento Forex, che non è legato in questo caso a nessun rischio di credito, poiché stiamo comprando una valuta, e non un'azione o un titolo che qualcuno dovrà rimborsare alla sua scadenza.

Esistono altri tipi di investimento Forex, più rischiosi ma con possibilità di guadagno più elevate.

Si può ad esempio utilizzare il proprio capitale in qualità di investitori Forex che operano con effetto leva, che impiegano cioè il loro denaro non tanto per comprare un vero e proprio capitale in valuta straniera, bensì per comprare un"margine", per investire sulle variazioni deltasso di cambio.

Si simula cioè l'acquisto di un grosso importo in valuta, che in realtà non si acquisisce, poiché il proprio capitale va solo a coprire quella percentuale di cui va a modificarsi il tasso di cambio nel periodo di riferimento. Nell'esempio indicato sopra, se noi avessimo effettuato un investimento Forex convinti che il prezzo del Franco Svizzero sarebbe andato a calare, "simulando" l'acquisto di quel milione di dollari USA a fronte di 1.160.000 CHF, e impegnandoci a rivenderlo al prezzo corrente al momento della chiusura della posizione, ci vedremmo restituire (sempre in modo simulato) alla scadenza solo un milione di franchi, con un margine netto negativo di 160.000 Franchi, che dovremmo però proprio pagare di tasca nostra, perdendoli per sempre, alla controparte che ha invece effettuato un investimento Forex prevedendo un aumento del valore di USD rispetto a CHF. Nella negoziazione su divise, cioè nel mondo della finanza Forex, il "titolo" che viene scambiato non è un'azione di borsa, né un'obbligazione, né una materia prima, ma una vera e propria valuta, la moneta nazionale di un paese, che può essere comprata e venduta esprimendo il prezzo intermini di un'altra valuta.

Si possono comprare dollari USA pagando in Euro (cambio Eur/USD), oppure comprare Sterline Britanniche pagando in Yen Giapponesi (JPY/GBP), e così via, in tutte le possibili combinazioni di due monete quotate sul mercato Forex. Molti sono restii a entrare nel Forex a causa dei suoi "rischi". Parlando in senso generale, ci sono rischi ovunque nella nostra vita: le fabbriche potrebbero funzionare male, se apri un negozio i clienti potrebbero non venire, il mercato delle azioni potrebbe crollare e se sei impiegato potresti essere licenziato durante un periodo di riduzione dell'organico. Ci sono rischi ovunque.

La questione importante qui è come gestire i rischi.

Quindi, se prendiamo in considerazione di investire nel mercato Forex, dovremo imparare a gestire i rischi che esso comporta, invece di essere spaventati.

Uno dei metodi migliori per evitare inutili rischi è non scegliere Broker forex di bassa qualità. Il mercato Forex non prevede nessuna quotazione centralizzata. Quindi, diversamente dal mercato dei future, non c'è un market maker per i compratori o venditori sul Forex, per cui il prezzo offerto da diversi broker Forex può variare molto. Quando investi nel mercato Forex, dipendi totalmente dall'integrità del dealer per la riuscita di un buon affare. Inoltre devi scegliere un giusto broker Forex per evitare truffe. Ci potrebbero essere dei broker forex che non sono regolamentati legalmente e potrebbero verificarsi degli inganni sugli investimenti. Stai attento alle persone con cui tratti sul Forex e controlla sempre con cautela le offerte sugli investimenti. Il mercato Forex potrebbe muoversi in tuo sfavore. Nessuno può prevedere con certezza in che modo andranno i tassi di cambio, il mercato Forex è variabile. Le fluttuazioni del tasso di cambio estero, tra il momento in cui inizi la contrattazione e il momento in cui tenti di liquidarla, influiranno sul prezzo del tuo contratto Forex e il profitto e le perdite potenziali relativi ad esso. Per evitare di perdere tutto il tuo capitale d'investimento puoi utilizzare gli Stop Loss Order.

- Per esempio, se abbiamo 100.000 da investire, possiamo dire che siamo disposti a rischiare 10.000 del capitale, con la possibilità di guadagnare altri 100.000. Questo può essere facilmente attuato da un trader, quindi le nostre perdite possono essere limitate al 10% o al 5% del capitale investito.

Un altro modo per gestire bene i tuoi rischi nel mercato Forex è investire senza un livello eccessivo di indebitamento. I broker Forex vogliono farti investire con alti valori di leva finanziaria, dato che questo comporta maggiore reddito per loro. Inoltre, commerciare con un alto livello di leva potrebbe aumentare i tuoi profitti o le tue perdite. Ci sono molte possibilità che si perdano più soldi di quanto ci si possa permettere. Il Forex può essere straordinariamente vantaggioso per molta gente. Offre enormi vantaggi, liquidità incompatibile con altri mercati, comodità di investire con Internet e sicuramente ti dà l'opportunità di guadagnare molti soldi se investi in maniera intelligente. Come qualsiasi altro affare commerciale, se sei nuovo nel campo il migliore consiglio da seguire è quello di imparare e allenarti molto prima di testare le tue capacità e prendere il volo. Seminari, libri, Internet, documenti, corsi, tutto questo materiale è utile per farti sentire pronto a iniziare. Puoi anche provare le tue abilità sul conto dimostrativo fornito gratuitamente. Dopo tutto, il Forex è aperto 24 ore al giorno e ci sono sempre tante opportunità da nel mercato quindi, perché non essere paziente finché sarai completamente pronto? La diversificazione è un altro modo per amministrare i rischi nel mercato Forex. Se vuoi abbassare i tuoi rischi nel mercato Forex, sarebbe meglio diversificare i tuoi investimenti tra parecchie monete. Prova a investire simultaneamente con diverse coppie di monete.

- Diciamo che abbiamo un capitale pari a 1.000 $, invece di investire tutti i nostri soldi in EUR/USD possiamo dividerli, metà in EUR/USD e metà in GBD/USD (500 $ ognuno), dato che queste due monete sono altamente correlate e tendono a muoversi nelle stesse direzioni.

Terminiamo questa presentazione sul Forex illustrando le principali correlazioni tra le valute e altri asset finanziari o eventi economici. Attenzione, queste relazioni valgono in condizioni standard e devono essere comunque costantemente riviste a seconda della situazione economica.

- Il Dollaro Americano è negativamente correlato con l'Oro; i due strumenti sono visti come beni sostituti e l'Oro è considerato come un bene rifugio in tempi di incertezza. Quindi solitamente quando il prezzo dell'Oro sale, il Dollaro dovrebbe scendere.
- L'Euro è invece positivamente correlato con l'Oro. La motivazione risiede non nel fatto che l'Euro sta assumendo il ruolo di anti-Dollaro. Quindi se il Dollaro scende e l'Oro sale, l'Euro tende a salire.
- La Sterlina Inglese ha una forte correlazione positiva

con il petrolio. La produzione di energia è una componente molto importante del PIL inglese e circa il 25% del FTSE 100 è composto da compagnie petrolifere ed energetiche. Quindi quando il prezzo del Greggio sale anche la Sterlina dovrebbe giovarne.

- Lo Yen Giapponese al contrario ha una correlazione negativa con il Petrolio. Essendo un paese esportatore, i prezzi dei trasporti salgono alle stelle quando il prezzo del petrolio sale danneggiando così l'economia giapponese e lo Yen.

- Il Franco Svizzero ha una correlazione particolare,è, infatti, direttamente proporzionale a guerre e periodi di incertezza politica. La Svizzera, infatti, ha sempre svolto un ruolo neutrale durante le guerre e tutt'ora queste ragioni storiche sono percepite e gli investitori considerano il Franco Svizzero una moneta rifugio in tempi di incertezza.

- Il Dollaro Canadese e Australiano sono correlati positivamente con le Commodities. Essendo entrambi grossi produttori ed esportatori di materie prime, in tempi in cui le commodities iniziano trend rialzisti, è solitamente un buon momento per andare long su queste due monete.

Sul mercato Forex vengono negoziati una base di 3 lotti, ognuno dei quali è 10 volte più grande di quello che lo precede; in questo modo ogni trader può scegliere il suo livello di rischio e le sue quote di partecipazione al mercato:

- Lotto standard con un valore nominale che arriva a
- 100.000 $
- Mini lotto con un valore nominale che arriva a
- 10.000 $
- Micro lotto con un valore nominale che arriva a
- 1.000 $

Quindi, negoziare 1 mini lotto equivale ad aprire una posizione con 10 micro lotti, mentre un lotto standard corrisponde a 10 mini lotti e a 100 micro lotti.

In pratica, quando un trader sceglie di negoziare un mini lotto da 10.000 $ in realtà sta negoziando 10 micro lotti e lo stesso vale con i lotti standard, tutto è proporzionato perfettamente.

Normalmente fino a qualche anno fa era impossibile per la stragrande maggioranza delle persone partecipare al Forex perché era necessario avere capitali ingenti, senza la leva anche solo per negoziare un lotto standard bisognava disporre di un capitale di 100.000 $.

I broker oggi possono garantire l'accesso ai mercati finanziari anche ai traders privati perché possono permetterti di disporre delle leva; la leva finanziaria offerta dai broker inizia solitamente a 1:100 oppure a 1:200, ma può arrivare a essere anche molto più elevata, così come ci sono broker che offrono negoziazioni anche con leva di molto inferiore, fino a 1:50 minimo.

- Con una leva di 1:100 posso aprire un lotto standard (100.000 $) con 1.000 $, un centesimo del valore nominale, oppure posso tradare un mini lotto (10.000 $) avendo a disposizione 100 $.

- Con una leva 1:1 (che equivale a non avere nessuna leva) se investo 1.000 $ una variazione dell'1% corrisponde a 10 $.

- Con una leva 1:100 se investo 1.000 $ controllo 100.000 $ quindi la variazione dell'1% verrà calcolata sul valore nominale, cioè 100.000 $, che equivale a 1.000 $.

Con la leva finanziaria ho la possibilità di aumentare il mio ritorno all'investimento (ROI) in maniera esponenziale:

- Ho investito 1.000 $ senza leva e ne ho ottenuti 10 (ROI=1%).
- Con la leva ho investito la stessa cifra ma ne ho ottenuti 1.000 raddoppiando così il mio capitale (ROI=100%).

Si sente spesso dire "la leva può moltiplicare le perdite e i profitti", una frase che crea molta confusione; in realtà, se ragionassimo tenendo presente il valore di un pip del contratto che stiamo negoziando sarebbe tutto molto più semplice.
Supponiamo due trader che utilizzano due leve differenti:

- Il trader A utilizza una leva 1:10 e apre una posizione con 1 mini lotto.
- Il trader B utilizza una leva 1:500 e apre la stessa posizione con 1 mini lotto.
- La posizione viene aperta e chiusa nello stesso istante per un profitto di 20 pip.
- Chi ha guadagnato di più, il trader A o il trader B?

I due trader hanno guadagnato esattamente uguale, in quanto i profitti, o le perdite, sono determinati dalla grandezza del contratto scambiato e non dalla leva: la leva è solo lo strumento che permette di aprire posizioni grandi controllandole con poco, ma una volta che la trade è aperta, la leva non influisce sul risultato.

Esempio

Supponiamo di aprire una posizione con 1 mini lotto su EUR/USD, il valore di un pip è 1 $ a pip, il nostro stop loss è a 25 pip di distanza, quindi rischiamo di perdere al massimo 25 $. Stesse condizioni ma stiamo scambiando 2 mini lotti, quindi siamo rischiando al massimo 50 $. In questo modo è molto facile regolarsi sulla grandezza delle posizioni.

Vediamo, quindi, cos'è il volume e cosa sono i lotti.
Il volume è la quantità di capitale con la quale entriamo a mercato.

Una particolarità da notare è che tutte le coppie che hanno il Dollaro in seconda posizione, valuta di quotazione, come ad esempio EUR/USD e GBP/USD assumono tutte lo stesso valore per pip in Dollari.

Questi valori per singolo contratto sono:

- Lotto standard - Valore nominale: 100.000 $ - Valore di 1 pip: 10 $
- Mini lotto - Valore nominale: 10.000 $ - Valore di 1 pip: 1 $
- Micro lotto - Valore nominale: 1.000 $ - Valore di 1 pip: 0,10 $

Ora facciamo qualche esempio di leva finanziaria.

Leva 1:100
- Capitale sul conto 1.000 dollari.
- Andiamo a mercato con 100.000 dollari
- Se 1 pip vale 10 dollari, dopo 100 pips avremo bruciato il conto per margin call, ovvero tutti i 1.000 dollari.

Leva 1:200
- Capitale sul conto 1.000 dollari.
- Andiamo a mercato con 200.000 dollari
- Se 1 pip vale 20 dollari, dopo 50 pips di perdita avremo bruciato il conto per margin call, ovvero tutti i 1.000 dollari.

Leva 1:500
- Capitale sul conto 1.000 dollari.
- Andiamo a mercato con 500.000 dollari
- Se 1 pip varrà 50 dollari, dopo 20 pips di perdita avremo bruciato il conto per margin call, ovvero tutti i 1.000 dollari.

Riassumendo quindi
- Leva 1:100: 100 pips per il margin call.
- Leva 1:200: 50 pips per il margin call.
- Leva 1:500: 20 pips per il margin call.

Sono movimenti del prezzo molto piccoli in quanto la media di spostamento di EUR/USD in un giorno sono 140 pips, significa, quindi, che operando con queste leve molto alte potremo perdere facilmente ben oltre i mille dollari in meno di una giornata.
Valutiamo ora una leva effettiva utilizzata con parsimonia.
- Leva effettiva di 1:3
- Capitale sul conto 1.000 dollari
- Capitale a mercato 3.000, cioè 3 microlotti.
- Valore di 1 pip di EUR/USD = 0,3 dollari
- A questo punto avremo esaurito il conto dopo 3.333 pips: 0,3 dollari * 3.333 = circa 1.000 dollari cioè il nostro intero capitale

I nostri 3.333 pips su EUR/USD equivalgono mediamente a

circa un anno e mezzo di movimento del prezzo. Di conseguenza, si comprende come una leva elevata sarà difficile da gestire mentre una leva effettiva bassa sarà più tranquilla e ci permetterà di sopravvivere per lungo tempo. Possiamo quindi dire che la leva va utilizzata in maniera inversamente proporzionale all'aumento del risultato positivo e direttamente proporzionale all'aumento del risultato negativo: all'aumentare del risultato positivo la leva deve diminuire, mentre deve aumentare all'aumentare del risultato negativo.

Capitale	Margine	Margine	Margine
10.000	2.000 €	500 €	250 €
▼	▼	▼	▼
Leva Reale	Leva Oper.	Leva Oper.	Leva Oper.
10x	50x	200x	400x
▼	▼	▼	▼
Trade = 1 Lotto EUR/USD = 100.000 €			

Occupiamoci adesso di calcolare il profitto e le perdite nel Forex, operazione importante da saper fare se si vuole essere un buon trader.

Abbiamo ormai capito che il termine Pip, detto anche Tick, indica l'incremento minimo di una valuta.

Per capirne il suo funzionamento facciamo un esempio pratico.

- Supponiamo che il cross EUR/USD varia da 1,3405 a 1,3406.
- La differenza che ne scaturisce è di 1 Pip.

Quindi per Pip si intende l'ultima cifra decimale di una quota ed è grazie a questa che si possono calcolare sia le perdite sia i profitti quando si fa trading online.

Dunque, 1 Pip vale sempre 0,0001, eccezioni a parte come per lo Yen giapponese, JPY, il cui valore viene calcolato andando a prendere il secondo punto decimale della valuta stessa, quindi 0,01. Quando parliamo di valore monetario di un Pip, ci riferiamo alla quantità di denaro persa o guadagnata per ogni variazione di Pip nel corso di una transazione forex; anche lo spread, che allo stesso modo deve essere corrisposto al broker ogni volta che si apre una posizione, gli viene erogato in Pip.

Anzitutto, le diverse tipologie di coppie di valute possono essere suddivise in:
- Dirette.
- Indirette.
- Cross.
.
Le dirette indicano le seguenti coppie di valute:
- EUR/USD
- GBP/USD
- AUD/USD
- NZD/USD

Le indirette, invece, sono rappresentate da:
- USD/JPY
- USD/CHF
- USD/CAD

Le cross, invece, intendono le seguenti coppie:
- EUR/GBP
- GBP/JPY
- EUR/JPY

Iniziamo valutando la principale coppia di valute, ovvero EUR/USD e vediamo come viene calcolato il valore di un Pip.

Calcolo per le valute dirette

Prendiamo in considerazione la valuta diretta EUR/USD, dove il dollaro è la moneta quotata.
La formula da applica è la seguente:

Valore del Pip = 1 Pip x Trade Size

Consideriamo, come esempio, un lotto piccolo, del valore di 10.000 $.
Il valore del Pip è pari a: 0,0001 x 10.000 = 1 $
Per poter ottenere il valore in Euro, si effettua questa operazione:

€ = Valore Pip / tasso di cambio corrente

Calcolo per le valute indirette

Per il calcolo delle valute indirette, prendiamo in considerazione come valuta base sempre il dollaro.
La formula da applicare è la seguente:

Valore del Pip =
1 Pip x Trade Size/ Prezzo di cambio corrente.

Supponiamo di operare sulla coppia di monete USD/CAD, con un lotto del valore di 10.000 $.

Il valore è pari a: 0,0001 x 10.000 / 1,2123 = 0,824

Qui ovviamente è importante tener presente che bisogna considerare anche il prezzo di cambio corrente che ovviamente è un valore variabile.

Calcolo per le valute cross

Un cross-currency pair, tradotto cross valutario, è una coppia di valute che non contiene il dollaro statunitense USD. Per il calcolo delle valute cross prendiamo come esempio la coppia di valute EUR/GBP.
La formula da applicare è questa:

Valore Pip =
1 Pip x Trade size x Prezzo di cambio corrente

Operando sul solito lotto da 10.000 $, si avrà che il valoreè:

0,0001 x 10.000 / Prezzo corrente

Il risultato che ci apparirà sarà in USD e andrà ovviamente convertito in EUR, con questa formula:

Valore Pip/ tasso di cambio corrente EUR/USD

Una volta che si è compreso bene come calcolare il valore di un Pip, si può passare alla seconda fase che ci porta a conoscere come calcolare le perdite o il profitto.
Supponiamo, utilizzando la coppia EUR/USD, di avere i seguenti prezzi bid/ask: 1,3460/1,3462.
Siamo, quindi, in presenza di richieste di acquisto di 1 euro a 1,3460 e di offerte di vendita di 1 euro a 1,3462 dollari.

Se riteniamo che l'euro guadagnerà terreno nei confronti del dollaro, allora andremo a comprare, sfruttando la leva, con una cifra di 100.000 euro, pagando come prezzo ask 134.620 dollari. L'euro si apprezza sul dollaro e, quindi, la coppia conquistail valore bid/ask 1,3464/1,3466.

Nel momento in cui andiamo a vendere i nostri 100.000 euro e guardiamo il prezzo bid, questo sarà di 1,3464. Il ricavo, sarà pari a 134.640 dollari.

- Ricapitolando, compriamo 100.000 euro a 1,3462 dollari, per un totale di 134.620 $.
- Vendiamo 100.000 euro a 1,3464 dollari, con un ricavo pari a 134.640 $. La differenza, quindi, è di 2 Pips, ovvero un profitto di 20 $.

Anche le perdite vengono calcolate allo stesso modo, con cui calcoliamo il profitto. Tenendo presente lo stesso esempio, con le stesse cifre snocciolate in precedenza; possiamo dire che in questo caso, se l'euro avesse perso terreno in modo copioso rispetto al dollaro, e la coppia fosse scesa di valore, allora si sarebbe verificata una perdita.

- Dunque, acquistando 100.000 euro, e pagandoli 134.620 dollari, se l'euro perde terreno nei confronti del dollaro e scende a bid/ask 1,3456/1,3458 allora per limitare la perdita vendiamo 100.000 euro a 1,3456, ricevendo 134.560 dollari.

Di conseguenza, avendo comprato 100.000 euro con prezzo ask a 1,3462 dollari spendendo 134.620 $, nel momento in cui decidiamo di vendere per limitare la perdita, i 100.000 euro a 1,3456 dollari, quello che ci ritornerà saranno 134.560 $, per una perdita complessiva di 60 $. Fondamentale, quindi, ricordarsi che nel momento in cui si acquista bisogna considerare il prezzo "ask", mentre nel momento in cui si vende bisogna sempre considerare ilprezzo "bid".

Sapere quanto valga un pip in rialzo o ribasso è decisamente importante per capire quanto è possibile guadagnare o perdere da un'operazione.

Se, ad esempio, vogliamo aprire una posizione di acquisto su un cross perché siamo convinti che questo otterrà un aumento di un pip sapremo che equivarrà a 10 nel caso di EUR/USD o di soli 8 per USD/JPY.

Se nel primo caso il guadagno è di 100, nel secondo caso con la stessa somma il guadagno è di 80. Un particolare non di poco conto. Perciò se vorremo impostare gli stop limit e stop loss dovremo ricordarci di questa differenza, poiché se vogliamo raggiungere un target di guadagno espresso in euro (vogliamo guadagnare 1.000 euro), dovremo calcolare l'importo della cifra voluta in base ai pips del cross su cui si investe.

Infine, possiamo concludere affermando che la leva deve essere utilizzata a livello piramidale.

Supponiamo che il tasso di cambio EUR/USD sia di 1.3014 e che abbiamo investito 100 $ con una leva di 1:20:

- Prima operazione: -10 pip (- 1.50 €)
- Seconda operazione: - 20 pip (- 3 €)
- Terza operazione: + 15 pip (+ 2.25 €)
- Risultato: 15 pip = - 2.25 €

Abbiamo ottenuto una perdita di 2.25 €, ma questa perdita poteva essere evitata utilizzando la regola della leva finanziaria piramidale.

Applichiamo tale regola a questo esempio.

- Supponiamo di aumentare gradualmente la leva in questo modo: 1:20 - 1:50 - 1:100
- Prima operazione: -10 pip (- 1.50 €)
- Seconda operazione: - 20 pip (- 7.60 €)
- Terza operazione: + 15 pip (+ 11.55 €)
- Risultato: -15 pip = + 2.54 €

Come si vede, la stessa operazione ha avuto un esito differente, in quanto è bastato aumentare la leva finanziaria in modo proporzionale all'aumentare delle perdite. Ovviamente ottenuta una vincita si deve ridurre la leva altrimenti si ottiene una perdita superiore.

Detto in questi termini il funzionamento della leva sembra particolarmente appetitoso, ma in realtà occorre prestare una grande attenzione; se è vero che il rapporto di leverage può generare enormi guadagni, bisogna ricordare anche che esso è in grado di generare altrettanto enormi perdite.

La leva è come una lente che amplifica gli effetti positivi o negativi delle variazioni del rapporti di cambio; con essa è possibile movimentare virtualmente importi di denaro notevolmente più elevati dei nostri reali investimenti, acquistando e vendendo multipli degli impieghi effettuati e sfruttando pertanto anche i più piccoli movimenti dei pip.

Leva Fissa e Leva Variabile

L'utilizzo della leva può prevedere 2 modalità:

- Leva offerta dalla SIM direttamente sul sottostante. In questa modalità tutte le banche che offrono piattaforme di trading on line, offrono meccanismi di leva su prodotti definiti "standard" o CFD. La leva dunque permette di operare con controvalori virtuali più elevati utilizzando una parte della liquidità necessaria per l'operazione, arrivando anche a ottenere performance di leva pari a un massimo del 1000%. I meccanismi regolatori del "prestito finanziario" necessario a operare con leva varia da banca a banca. Ovviamente questo non è gratis, ma richiede un interesse per il prestito finanziario implicitamente erogato e applica condizioni automatiche di chiusura della posizione per perdita elevate. Questa forma di leva è la più semplice e sicura, poiché avendo margini per evitare la chiusura automatica della posizione, l'apprezzamento del sottostante in qualsiasi momento del tempo produrrà un equivalente apprezzamento della propria posizione moltiplicata per leva che si è aperta sulla posizione.

- Prodotti finanziari nativamente leveraged legati in modo più o meno diretto a un sottostante o alle sue performance. Rientrano in questa seconda categoria veri e propri prodotti finanziari, derivati da un sottostante; questi verranno emessi e gestiti da un emittente solitamente diverso dal sottostante e specializzati in prodotti derivati. L'obiettivo principale di questi strumenti è quello di offrire il meccanismo della leva all'investitore, ovvero un meccanismo finanziario tale da permettere all'investitore, tramite un certificato, di controllare un determinato sottostante investendo solo una frazione del capitale necessario per acquisirne il possesso. Questo darà la possibilità di partecipare a possibili guadagni e di conseguenza anche perdite in percentuale più elevate rispetto alle variazioni del sottostante.

Prodotti a Leva Fissa

I prodotti finanziari "a leva fissa", long o short, si contraddistinguo per una moltiplicazione delle performance del sottostante cui si riferiscono.

Va precisato che la leva è sempre riferita alle performance giornaliere del sottostante, con la caratteristica che per un ritorno del sottostante al prezzo di origine, un prodotto a leva non ritorna al valore precedente. Questo è dovuto al fatto che la "performance a leva" è calcolata sulla prestazione giornaliera. Prendiamo il caso dei Certificati a leva fissa che replicano, al lordo di costi, imposte o altri oneri, la performance del prezzo giornaliero dell'attività finanziaria sottostante moltiplicandola mediante l'effetto leva, leva che si ribadisce rimane fissa per tutta la vita del prodotto.

Gli investitori possono partecipare alla performance di una determinata attività finanziaria sottostante senza dover direttamente acquistare tale attività finanziaria sottostante, attività finanziaria sottostante che può essere un indice, un metallo prezioso o una materia prima.

- I certificati a leva fissa sono prodotti che offrono la possibilità di sfruttare trend stabili di mercato, sia al rialzo (Long) sia al ribasso (Short), moltiplicando la performance giornaliera di una determinata attività finanziaria sottostante, ad esempio un'azione, un indice o una materia prima, per la leva, ad esempio 3, 4, 5 o 7 volte.

I certificati sono calcolati con riferimento allo strike; quest'ultimo si identifica nel prezzo determinato su base giornaliera e corrispondente al prezzo di chiusura stabilito il giorno di quotazione precedente, qualora l'attività finanziaria sottostante sia un indice, e al prezzo rilevato durante la fase di fixing, qualora l'attività finanziaria sottostante sia una materia prima.

Qualora il prodotto sia tenuto in portafoglio per più di un giorno potrebbero verificarsi delle differenze, tra la performance del certificato a leva fissa e la performance l'attività finanziaria sottostante, dovute al cosiddetto "Compounding Effect" (effetto dell'interesse composto).

La ragione principale consiste nel fatto che la leva resta sempre invariata per l'intero periodo di calcolo e, pertanto, l'investimento equivale a un reinvestimento su base giornaliera; per questo motivo i certificati a leva fissa rientrano in un orizzonte di investimento a breve termine e non in una strategia a lungo termine buy and hold.

Da ricordare che i certificati a leva fissa non prevedono la distribuzione di alcun reddito corrente quale interessi o dividendi.

I certificati a leva fissa possono essere utilizzati per:

- Investire a fini speculativi: avendo a disposizione un'ampia gamma di leve e sottostanti adatti a diversi profili rischio/rendimento è possibile conseguire rendimenti interessanti premesso che la performance dell'attività finanziaria sottostante corrisponda alle aspettative di mercato; poiché, come ormai sappiamo, la leva agisce in entrambe le direzioni, possono tuttavia verificarsi delle perditein conto capitale.

- Investire per coprire il proprio portafoglio: i certificati a leva fissa possono anche essere implementati nelle strategie di copertura di brevissimo termine; i leva fissa short permettono, ad esempio, di coprire il portafoglio da giornaliere fluttuazioni sfavorevoli del mercato. Se durante il periodo di riferimento il mercato registra un chiaro trend negativo e l'attività finanziaria sottostante scende in maniera costante, si osserverà un aumento più che proporzionale del prezzo dei certificati a leva fissa short; in questo modo l'investitore avrà la possibilità di coprire il proprio portafoglio da possibili ribassi registrati dall'attività finanziaria sottostante.

Soffermiamoci in particolare sui certificati a leva fissa 7. Un certificato a leva 7, come qualsiasi altro certificato o prodotto finanziario a leva giornaliera, replica giornalmente la performance del sottostante moltiplicata per una leva, ossia +7 volte se rialzista e -7 volte se ribassista. Per un leva 7 short se l'indice performa -1% il certificato si apprezza del +7%.

I meccanismi matematici sono tali che, se una certa performance del sottostante, ad esempio +5%, viene fatta in più giorni anziché in un solo giorno, il certificato si apprezzerà di più di quanto si sarebbe apprezzato in un solo giorno, ovvero, se la performance del 5% viene fatta in 5 giorni, crescendo dell'1% al giorno anziché in uno, il certificato si apprezza del 40% anziché del 35% che sarebbe stato fatto in un solo giorno.

La tabella sottostante ne è la chiara rappresentazione; si nota anche che il prodotto a leva fissa giornaliera contrario al verso del mercato (short) perderà di meno di quanto sarebbe accaduto in un solo giorno. Questo fatto, che alcuni chiamano meccanismo di leva composta, è un aspetto matematico derivato dal fatto che la performance del prodotto è calcolata ogni giorno su un valore diverso, valore che contiene in sé il risultato della leva dei giorni precedenti; quindi, un incremento nel caso di apprezzamento e un decremento nel caso di deprezzamento. In questo caso il meccanismo di leva è favorevole, producendo performance complessive superiori a quelle maturate sul sottostante applicando la stessa leva, grazie alla persistenza del trend.

Sottosta nte	Variazio ne sottosta nte	Leva 7 Long	Cumulo Leva 7 Long	Leva 7 Short	Cumulo Leva 7 Short
100		100		100	
101	1%	107,00	7,00%	93,00	-7,00%
102	1%	114,49	14,49%	86,49	-13,51%
103	1%	122,50	22,50%	80,44	-19,56%
104	1%	131,08	31,08%	74,80	-25,20%
105	1%	140,26	40,26%	69,57	-30,43%

Come precedentemente affermato, la leva è sempre riferita alle performance giornaliere del sottostante, con la caratteristica che per un ritorno del sottostante al prezzo di origine, un prodotto a leva non ritorna al valore precedente (effetto negativo della leva cumulata).

Sui prodotti finanziari a leva 7 questo effetto è particolarmente forte proprio per via dell'alta leva stessa che, per le ampiezze e per il numero di oscillazioni, produce nel tempo un degrado costante del valore del certificato.

Nella tabella seguente osserviamo un andamento lineare del sottostante che da 100 va a 110 (+10%) e ritorna a 100, per due volte.

Per semplicità tutti i prodotti, sottostante, leva long e leva short, valgono 100 all'inizio della simulazione.

Il prodotto long leva 7 già al primo ritorno del sottostante a 100 vale meno di quanto valeva in origine, ossia 92,60 rispetto ai suoi 100 iniziali, quindi -7,40%, mentre al secondo ritorno a 100, sempre di sottostante, in pratica raddoppia questo deprezzamento: vale 85,75 rispetto al suo 100 iniziale, quindi il -14,25%.

Il prodotto short, che invece non è mai passato in positivo, fa addirittura peggio, perdendo il 9,74% al termine del primo ritorno e il 18,54% al termine del secondo.

Sottosante	Variazione sottosante	Leva 7 Long	Cumulo Leva 7 Long	Leva 7 Short	Cumulo Leva 7 Short
100		**100**		**100**	
102	2,00%	114,00	14,00%	86,00	-14,00%
104	1,96%	129,64	29,64%	74,20	-25,80%
106	1,92%	147,06	47,06%	64,23	-35,77%
108	1,88%	166,42	66,42%	55,78	-44,22%
110	1,85%	187,97	87,97%	48,55	-51,45%
108	-1,82%	164,02	64,02%	54,74	-45,26%
106	-1,85%	142,78	42,78%	61,83	-38,17%
104	-1,88%	123,99	23,99%	69,96	-30,04%
102	-1,92%	107,33	7,33%	79,37	-20,63%
100	**-1,96%**	**92,60**	**-7,40%**	**90,26**	**-9,74%**
102	2,00%	105,57	5,57%	77,62	-22,38%
104	1,96%	120,05	20,05%	66,97	-33,03%
106	1,92%	136,18	36,18%	57,97	-42,03%
108	1,88%	154,11	54,11%	50,34	-49,66%
110	1,85%	174,06	74,06%	43,82	-56,18%
108	-1,82%	151,89	51,89%	49,40	-50,60%
106	-1,85%	132,22	32,22%	55,80	-44,20%
104	-1,88%	114,82	14,82%	63,15	-36,85%
102	-1,92%	99,39	-0,61%	71,63	-28,37%
100	**-1,96%**	**85,75**	**-14,25%**	**81,46**	**-18,54%**

Quanto dimostrato implica che non c'è modo di strappare un

pareggio se non immettendo parecchio capitale aggiuntivo, con tutti i rischi derivati da questo approccio, ossia moltiplicazione delle perdite in termini capitali. Si osservi bene, inoltre, che gli esiti di questi deprezzamenti abbracciano solo 21 osservazioni, che possono corrispondere a un mese di borsa. Si pensi a cosa può succedere tenendo il prodotto in portafoglio per un periodo più lungo con mercato che procede contro la direzione del certificato.

Possiamo quindi affermare che i prodotti a leva fssa giornaliera, per un ritorno del sottostante a un certo prezzo, non ritornano a valere quanto valevano prima; il problema non è dell'emittente e non è del sottostante, sarebbe uguale su una commodity come il petrolio, sul DAX, su posizioni rialziste (long) o ribassiste (short); è solo un fatto matematico della leva cumulata su performance giornaliera, che vale con qualsiasi prodotto a leva fissa giornaliera, ad esempio ETF a leva 2 o 3.

Questi prodotti non possono, quindi, essere utilizzati per accumulare o per gestire un trading range, vanno utilizzati per un trade direzionale e/o per un periodo limitato di tempo, in cui il sottostante dovrebbe oscillare poco, proprio per evitare gli effetti della leva composta, visto che il deprezzamento è notevole e si amplifica nel tempo.

Prodotti a Leva Variabile

Queste considerazioni invece non si applicano a prodotti a strike (leva non fissa), i cui prezzi sono calcolati rispetto alla differenza da una certa quota, lo strike appunto.

Questi prodotti hanno sicuramente degli svantaggi che li rendono totalmente inappropriati per alcuni scenari operativi, soprattutto se parliamo di scenari a leva (bull o bear) rispetto a quelli semplicemente "bear" (leva 1) ossia che replicano solo l'inverso della performance del sottostante senza applicare altri meccanismi di moltiplicazione. Secondo la matematica si evince quindi che per compensare una performance negativa bisogna ottenere una performance positiva superiore a quellaprecedente (negativa).

Ad esempio, se un prodotto finanziario XY perde il 20%, ad esempio da 1.000 va a 800, per recuperare questa perdita, e, quindi, ritornare a 1.000, si dovrà avere una performance del 25% minima.

Di conseguenza, maggiore è la perdita, maggiore è la differenza di performance fra ribasso e rialzo; schematicamente avremo:

- Per un -20% si dovrà avere una performance del
- +25%,
- per un -30% è necessario un +42%,
- per un -50% è richiesto un +100%
- per un -90% e richiesto un +900%

La performance richiesta per il recupero sarà calcolata su un valore che sarà più basso di quello di partenza, 80 nel primo esempio, rispetto ai 100 di origine, e quindi maggiore è la perdita, più basso sarà il numero da cui parto per raggiungere il prezzo obiettivo.

Sintetizzando, la matematica impone che per recuperare una perdita vada fatta una performance maggiore di quella avuta nel deprezzamento, cui andranno poi ad aggiungersi:

- La variabile della leva, cioè si tratta di applicare un moltiplicatore alle valutazioni fatte sopra.
- La variabile "tempo".

La presenza del tempo a una serie di prezzi porta a scenari estremamente complessi da prevedere e da gestire. In pratica, per un ritorno del sottostante al valore di origine, il prodotto finanziario definito su base "performance giornaliera" (che abbia leva o meno) non ritorna a valere quanto valeva prima, e inoltre lo scarto dal prezzo origine dipende dall'andamento delle singole osservazioni.

Un'altra tipologia è invece quella dei Leverage Certificate RBS facenti parte del comparto Sedex che fino ad oggi sono stati utilizzati per applicare strategie multi-day sul mercato senza ricorrere ai derivati poiché per un ritorno del sottostante ai prezzi precedenti il valore del certificato ritorna al valore precedente. Non sono, infatti, prodotti a leva fissa ma con un livello di riferimento da cui si calcola il valore del prodotto e quindi "la leva".

Pertanto, un mini long o un mini short leverage certificate di RBS prende a riferimento un livello numerico di un sottostante che può essere un indice, un'azione, una commodity o altro.

Questo livello è detto strike e il prodotto finanziario in corrispondenza di quel valore del sottostante vale zero.

Quindi avremo che:

- Nel caso di un mini long il prodotto si apprezza al crescere del sottostante.
- Nel caso di un mini short cresce al decrescere del sottostante.

Il Margine

Il margine è un concetto strettamente collegato alla leva finanziaria. Il margine è quella parte di capitale richiesto dal broker per aprire una posizione con leva finanziaria con lo scopo di coprire le perdite potenziali. Il margine necessario per poter utilizzare la leva cambia da broker e broker, così come a seconda della leva che utilizzerete.

Esempio

Consideriamo un capitale di partenza pari a 5.000 e una leva di 1:200.

- Apriamo una posizione di acquisto di un lotto su EUR/USD con quotazione 1,1171/1,1173.
- Per acquistare una quantità di 10.000 il margine iniziale è dello 0,50%, perciò 50 euro.
- Il capitale disponibile perciò sarà di: 5.000 − 50 = 4.950.
- Nel caso vi sia una variazione di 10 pips, dovrò calcolare il valore del pip per EUR/USD, in questo caso 89 centesimi e applicarlo alla variazione.
- Perciò avrò 10 pips x 89 centesmi = 8,9 euro.
- La variazione positiva sarà stata di 8,9 euro.
- A questo punto, se chiudessimo la posizione avremmo 5.0008,9 euro, poiché il margine iniziale mi verrà restituito.

Varie sono le tipologie di margine, variabile a seconda del prodotto finanziario su cui andiamo a investire; mediamente si passa dallo 0,5-1% per operazioni sul Forex e sui principali indici, all'1-1,5% per gli investimenti ullematerie prime, per finire intorno al 5% per il mercato azionario.

- Margine Iniziale: consiste in una percentuale che il trader versa come garanzia al fine di poter negoziare determinati titoli. Questo occorre a creare delle garanzie sufficienti a coprire i costi teorici di liquidazione che il broker sosterrebbe, in caso di insolvenza, per liquidare il portafoglio del tradernello scenario di mercato più sfavorevole possibile. Quindi, nel caso un titolo da voi acquistato subisse dei ribassi repentini, il broker andrà a liquidare la vostra posizione al fine di non subire danni economici consistenti. Il margine iniziale assume valore differenti a seconda del tipo di sottostante su cui si fa trading. Nel caso di azioni, il margine iniziale è compreso nel range tra il 3 e il 30%. Per quello che riguarda tutti gli altri strumenti finanziari, il margine è molto più ridotto ed è collocato nella forchetta tra lo 0,5% e l'1%. Questa enorme discrepanza tra azioni e resto degli strumenti finanziaria ha origine alla luce dell'ammontare del rischio percepito. In poche parole se il rischio percepito è alto allora anche il margine lo sarà. Tra i diversi assets sono le azioni a poter generare le oscillazioni maggiori e quindi un possibile maggiore guadagno ma anche una possibile maggiore perdita.

- Margine di Mantenimento: serve a mantenere una posizione aperta. Il margine di mantenimento, a differenza del margine iniziale, è una somma

74

aggiuntiva che il broker richiede a garanzia, in cambio delle operazioni con leva finanziaria. Il margine di mantenimento è una forma di tutela del broker nel caso in cui una nostra operazione dovesse andare male e non fossimo in grado di ripagare l'effetto leva. In questo caso, il broker utilizzerà il margine di mantenimento come livello di guardia dell'equity (saldo + conto economico posizioni aperte) e se questo dovesse giungere agli sgoccioli, lo stesso broker ci avviserà al fine di chiederci se aumentare il livello dell'equity oppure chiudere la posizione. Nel caso il broker non ottenga risposta, questi chiuderà la posizione evitandoci anche di andare in rosso. I requisiti di livello del margine di mantenimento sono diversi e specifici per ciascuno strumento finanziario, quindi per ogni strumento selezionato potrà valere un diverso margine di mantenimento. Il margine di mantenimento è sempre monitorato in tempo reale e una volta che tale margine richiesto supera una determinata percentuale sarà inviato un avviso. La principale differenza tra margine iniziale e margine di mantenimento riguarda l'impatto dei due indicatori sul conto personale del trader. Il margine di mantenimento, infatti, può avere effetto sia positivo sia negativo sul saldo del conto del trader. Viceversa il margine iniziale sarà sempre e solo detratto dal conto del trader. La ricopertura eventuale scatterebbe in automatico nel momento in cui il trade genera un profitto.

- Margin Call: questo termine indica un versamento al quale il trader è chiamato dal broker. Se le nostre posizioni aperte sono in perdita e cadono oltre i livelli di margine utilizzabile, subentrerà una chiamata di margine per chiedere di ripristinare il livello dell'equity, altrimenti alcune o tutte le posizioni aperte saranno chiuse dal broker al prezzo di mercato. Si tratta quindi del deposito di una somma suppletiva che è necessaria per poter continuare a sostenere una maggiore esposizione. Il margin call detta anche chiamata a margine va utilizzato con molta cautela in modo tale da poter garantire protezione senza trasformarsi in un ulteriore strumento rischio. Ad avvisare il trader circa la necessità di intervenire con un nuovo versamento è lo stesso broker. La funzione del margin call si attiva in modo automatico in presenza di determinate condizioni, chiamata che arriva in un momento preciso, che il broker stabilisce in base al livello dell'equity.

A questi calcoli non abbiamo aggiunto il fattore dello spread, ovvero una quota che il broker trattiene per il proprio profitto (non prevede commissioni, ma guadagna in base allo spread moltiplicato per l'importo investito). Lo spread varia da titolo a titolo, da strumento a strumento, perciò non c'è un costo fisso calcolabile. Il valore dello spread è incluso nei dettagli dei singoli strumenti ed è costituito dalla differenza di prezzo di acquisto e vendita di un titolo in un dato momento.

Esempio

Effettuiamo la registrazione presso un broker e versiamo 600 €.
Saldo disponibile: 600 €
Conto Economico: 0 €
Equity: 600 €

- 10:30 - Acquistiamo 10 azioni Google a 500 € tramite un CFD.

L'importo totale acquistato è di: 10*500 € = 5.000 €
Il margine iniziale necessario per 10 azioni Google è del 10% = 500 €
Il margine di mantenimento necessario per mantenere 10 azioni Google è del 5% = 250 €
Qualora l'equity scenda oltre i 250 € verrà attivata un'opzione call del margine e il broker liquiderà le posizioni aperte.
Il saldo disponibile successivo all'acquisto delle azioni Google è di: 600 € – (10%*5.000 €) = 100 €
Conto economico = 0 €
Equity: 600 € (600 € + 0 €)

- 11:15 – Le azioni Google scendono a 480 €.

Saldo: 600 €
Saldo disponibile: 0 €. Infatti:
[600 € - 10%*5.000 € + 10*(480 € - 500 €)]
Conto economico = (10*480 € – 10*500 €) = -200 €
L'Equity sarà di 400 € ovvero (-200 € + 600 €)

- 13.00 – Le azioni Google scendono a 450 €.

Si attiva un'opzione call del margine e il broker liquida la posizione.
Saldo: 600 €
Saldo disponibile: 0 €. Infatti:
[600 € – 10%*5000 € + 10*(450 €-500 €)]
Conto economico = (10*450 € – 10*500 €) = -500 €
Equity: 100 € (-500 € + 600 €)

La ragione per cui viene attivata un'opzione call del margine è perché l'Equity è di 100 € mentre sono necessari 250 € (ovvero il 5% di 500 € x 10 azioni = 5% su 5.000 € = 250 €) per tenere aperta una posizione su 10 azioni Google. Pertanto il broker ha liquidato la posizione.

Il saldo corrente adesso è:
Saldo: 100 € (il saldo cambia solo quando si chiude una posizione o si preleva del denaro).
Saldo disponibile: 100 € (Depositi – prelievi + conto economico delle posizioni chiuse)
Conto economico = 0 € (nessuna posizione aperta)
Equity: 100 € (saldo + conto economico delle posizioni aperte).
Vediamo come si calcola il margine.
Anzitutto, diciamo che il margine varia in base alla leva applicata.
La formula da eseguire per il calcolo è la seguente:

Margine richiesto in % =
(1 / leva massima disponibile) * 100 =100 /
Rapporto di leva

Quindi, in base alla formula, nel caso di una leva massima disponibile pari a 1:100, il margine richiesto per aprire un'operazione sarà uguale all'1% dell'ammontare dell'operazione che vogliamo eseguire.

Esempio

Leva massima disponibile 1:100
- Margine in % = (1 / 100) * 100 = 1% dell'ammontare dell'operazione.

Avendo sul conto un margine iniziale pari a 100 € e come leva massima 1:100 possiamo aprire al massimo operazioni di valore pari a 100 € * 100 = 10.000 €. Infatti, il valore richiesto dal broker come garanzia è pari proprio a: 10.000 € * 1% = 100 €.
- Quindi, se con 100 € vogliamo utilizzare una leva 1:100 che ci permette di investire 10.000 €, il margine è pari all'1%, ovvero i 100 € che in realtà stiamo investendo.

Supponiamo adesso di voler acquistare 1.000 azioni della società XY al prezzo corrente di 1 €, operazione che ci costerebbe 1.000 €.
Se il prezzo si alza di 20 centesimi per azione, possiamo chiudere la nostra posizione a 1.000 azioni x 1,20 € pari a 1.200 € e realizzare 200 € di profitto, ossia il 20%.
Tuttavia, ci viene offerta la possibilità di acquistare le azioni XY. usando la leva finanziaria.
Dovremo semplicemente versare un margine, ossia una percentuale dell'intera somma di 1.000 €, in cambio di un'esposizione totale.
Supponiamo che il margine iniziale sia del 10%
Pagheremo 10% x 1 € x 1.000 azioni = 100 €.
Se il prezzo dell'azione dovesse salire da 1 € a 1,20 € realizzeremmo lo stesso profitto, 200 €, garantito da una transazione azionaria tradizionale.
Abbiamo, quindi, realizzato lo stesso profitto in entrambi i

casi, ma usando la leva abbiamo dovuto sborsare solo un deposito di 100 € anziché l'intera somma di 1.000 €. In questo caso il nostro rendimento effettivo è stato del 100% anziché solo il 20% che avremmo realizzato acquistando direttamente i titoli.

Riportiamo nella tabella seguente i margini per le leve finanziarie più utilizzate.

Leva				Margine
1:10	→	100/10	=	10%
1:50	→	100/50	=	2%
1:100	→	100/100	=	1%
1:200	→	100/200	=	0.5%
1:500	→	100/500	=	0.2%

Perciò, se vogliamo utilizzare una leva 1:100 e muovere un capitale pari a 50.000 €, dovremo pagare al broker il margine pari al 1% del capitale totale, i 50.000 € ottenuti tramite la leva finanziaria, ovvero, avremo bisogno di 500 € per poter aprire la nostra posizione di 50.000 €.

Ritorniamo, quindi, al grande vantaggio della leva finanziaria, ovvero, possiamo investire capitali molto maggiori di quelli di cui disponiamo.

Con soli 1.000 € e una leva 1:100, possiamo investire qualcosa come 100.000 €, e, come ormai sappiamo, i guadagni vengono calcolati proprio sulla cifra che muoviamo tramite la leva finanziaria, quindi sui 100.000 €, e non sul margine che in realtà paghiamo al broker per utilizzare la leva finanziaria.

Sarebbe davvero bello se la leva finanziaria si limitasse solamente ad amplificare i guadagni.

- Peccato però, che la leva finanziaria amplifica anche le perdite, e, come per i guadagni, anche tutte le perdite vengono calcolate sulla cifra che muoviamo tramite la leva e non sul margine.

Ciò significa che anche piccole variazioni del valore di un asset ci permettono di portarci a casa ottimi profitti, ma allo stesso tempo, piccole variazioni nella direzione sbagliata possono bruciarci tutto il capitale che abbiamo pagato al broker, ovvero il margine.

Esempio

Vediamo meglio di capire la leva finanziaria e il suo rischio tramite un rapido esempio di trading CFD. Immaginiamo di utilizzare una leva 1:10 per fare trading CFD. Il trading CFD (contract for difference) ci permette di fare trading con differenti tipi di asset, tra cui:

- Titoli azionari
- Indici azionari
- Coppie di vaute
- Materie prime

Noi scegliamo i titoli azionari, perché secondo le nostre analisi, il titolo azionario della società X è destinato a salire nelle prossime giornate. Il valore attuale del titolo azionari della società X è pari a 3,00 €. Mettiamo di voler comprare 1.00 azioni della società X.

- Nel classico mercato azionario, per comprare 1.000 azioni della società X, dovremmo sborsare ben 3.000 €: prezzo singola azione moltiplicato per quantità di azioni che vogliamo comprare.

Se il prezzo delle azioni aumenta e raggiunge i 3,30 €, avremmo un guadagno pari a 300 €, dato che se rivendessimo adesso le azioni incasseremmo ben 3.300 €, avendone spesi 3.000 per comprarli: quindi la differenza è pari al nostro guadagno.
Vediamo cosa succede se invece utilizziamo il trading CFD e quindi la leva finanziaria.

• Se scegliamo la leva 1:10, dobbiamo pagare un margine pari al 10% della nostra posizione, ovverola cifra totale che andremo a muovere con la leva finanziaria.

Comprare 1.000 azioni della società X equivale a sborsare 3.000 €, ma tramite la leva finanziaria, possiamo pagare come margine 300 € al nostro broker, e muovere un capitale di 3.000 €. Anche in questo caso, se il valore aumenta fino a 3,30 € per azione, otterremmo sempre 300 € euro di guadagno.
Abbiamo, quindi, ottenuto un ritorno pari al 100% del nostro investimento, quando con il mercato azionario avremmo ottenuto un ritorno pari al 10%.
La differenza è la seguente:

• Nel mercato azionario, abbiamo dovuto investire 3.000 € per aprire la nostra posizione di 1.000 azioni della società X.

Nel mercato CFD, abbiamo dovuto investire 300 €, il margine, per aprire la nostra posizione di 1.000 azioni della società X.

Esempio

Ipotizziamo che la società BP sia quotata 4,75 € per azione. Decidiamo di acquistare 1.000 azioni BP a questo prezzo. Se acquistiamo l'intero valore dei titoli, pagheremo 4.750 €. La massima perdita possibile, quindi, nel caso in cui il prezzo della azioni BP scenda a zero, è di 4.750 €.

- Espressa in percentuale, la perdita ammonta al 100%, il nostro intero investimento.

Grazie alla leva, possiamo esporci allo stesso numero di titoli BP versando solo una piccola parte dell'intero prezzo di acquisto. Per titoli importanti quali BP, il margine richiesto è soltanto del 5%.

- Questo significa che dobbiamo versate 5% x 4,75 € x 1.000 azioni = 237,50 € per la stessa esposizione ottenuta acquistando fisicamente gli asset.

Se il prezzo BP scende a zero, perderemo i 4.750 €. La nostra perdita massima, in entrambi i casi, è la stessa e viene calcolata moltiplicando:

la variazione di prezzo del titolo (4,75 € – 0 = 4,75) per il numero di azioni (1.000) = 4.750 €

Espressa in percentuale sul versamento iniziale in un contesto di trading con leva finanziaria, la perdita ammonterebbe al 200%.

Esempio

Ipotizziamo di avere un conto di 2.000 $; operiamo con una leva di 1:100 e acquistiamo un mini lotto, valore nominale 10.000 $, su EUR/USD.

- Margine in % = 100/100 = 1% = 0,01
- Margine richiesto per trade = 1,3630 * 10.000 $ * 0,01 = 136,3 $

Questi 136,3 $ o l'equivalente nella valuta del conto vengono "bloccati" come garanzia per poter coprire eventuali perdite e non possono essere usati per aprire nuove posizioni.

Quello che rimane nel conto, calcolando anche i profitti e/o le perdite delle posizioni aperte, è definito Margine utilizzabile che può essere, quindi, utilizzato per aprire nuove posizioni. Più posizioni apro contemporaneamente, più il mio margine utilizzato salirà e quello utilizzabile diminuirà.

- Quando il margine utilizzabile arriva a zero, scatterà la margin call e il broker chiuderà automaticamente la/le posizioni aperte per evitare che possa perdere più di quanto abbia sul conto.

Esempio

Facciamo un esempio nel caso di leva 1:100. Supponiamo di avere sul nostro conto 1.500 $ e supponiamo di voler acquistare USD/CAD al prezzo di 1,2000.

- Se decidiamo di acquistare 1 lotto standard, ovvero 100.000 $, dovremmo in teoria disporre di 100.000 x 1,2 = 120.000 dollari.

L'operazione teoricamente non sarebbe possibile per il nostro piccolo conto ma, grazie alla leva, possiamo farlo, in quanto, il Broker ci permette di aprire questa posizione a condizione di avere il margine necessario, cioè l'1% (leva 1:100) dei 100.000 dollari, quindi, avendo 1.000 $ ci viene concesso di operare.

- Non appena aperta la posizione, il nostro margine disponibile scenderà di 1.000 € e ci resterà un marginedisponibile di soli 500 $.

Questo comporta che saremo in grado di "sopportare" una perdita non superiore a 500 $: se ciò dovesse accadere, il Broker chiuderà in modo forzato la posizione e si sarà verificata quella che in gergo è definita "Margin Call" (chiamata di margine).
Tanto per rendere un'idea, se la quotazione dovesse scendere, per esempio, da 1,2000 a 1,1990 ci troveremmo in perdita di 100 $: questo perché 120.000 – 119.900 = 100 $. Nel caso opposto, guadagneremmo 100 $, se la quotazione dovesse salire a 1,2010. Infatti, in questa situazione, come abbiamo visto in precedenza, oni singolo pip vale ben 10 $.

Quando si aprono più posizioni contemporaneamente occorre essere molto attenti al margine, ed è per questo che non conviene mai esagerare con i Lotti. Costringere il Broker a una chiamata di margine è una cosa che non dovrebbe mai accadere. Se ciò dovesse accadere, significherebbe essere esposti in modo esagerato.

Esempio

Confrontiamo i risultati ottenuti da due trader che acquistano rispettivamente 50 lotti (trader A) e 5 lotti (trader B) di USD/JPY nel caso in cui il cambio scende di 100 pips a loro sfavore.

Trader A
- Patrimonio: 10.000 $
- Valore nominale negoziato: 500.000 $, dati da 50 lotti da 10.000 $.
- Leva - 1:50.
- Perdita di 100 pips in dollari: -4.150 $.
- % perdita di patrimonio: 41,5%.
- % di patrimonio residuo: 58,5%.

Trader B
- Patrimonio: 10.000 $
- Valore nominale negoziato: 50.000 $, dati da 5 lotti da 10.000 $.
- Leva - 1:5.
- Perdita di 100 pips in dollari: -415 $.
- % perdita di patrimonio: 4,15%.
- % di patrimonio residuo: 95,85%.

Impiegando una leva inferiore, il trader B riduce drasticamente l'impatto in dollari di una perdita di 100 pips a conferma che quando si utilizza una leva eccessiva, poche operazioni in perdita possono annullare rapidamente i guadagni generati da un numero elevato di operazioni vincenti. L'esempio appena visto ha illustrato in modo chiaro il meccanismo che può portare a queste conseguenze.

Esempio

Supponiamo di acquistare 1 lotto di EUR/USD; il margine che ci viene richiesto è 1%.
- Il Capitale rimane a 10.000 $, mentre il margine utilizzato è adesso 100 $, perché il margine richiesto in un conto mini è di 100 $ per ogni lotto.
- Il margine utilizzabile è invece 9.900 $.

Se chiudessimo l'operazione rivendendo il nostro lotto di EUR/USD allo stesso prezzo al quale lo abbiamo comprato, il margine utilizzato ritornerebbe a 0,00 $ e il margine utilizzabile a 10.000 $.
Il Capitale resterebbe invariato a 10.000 $.
- Ma se invece di chiudere il lotto, acquistiamo altri 79 lotti di EUR/USD, per un totale di 80 lotti, avremo sempre lo stesso Capitale di 10.000 $, ma il margine utilizzato andrebbe a 8.000 $ (80 lotti a 100 $ di margine per lotto), mentre il margine utilizzabile scenderebbe adesso a soli 2.000 $.

Con questa posizione aperta, otterremmo un profitto enorme se EUR/USD salisse; tuttavia EUR/USD comincia a scendere.
Il Margine Utilizzato resterà a 8.000 $, mentre quando il Capitale scenderà sotto 8.000 $, avremo una Margin Call

(Richiesta di Margine).
Questo significa che parte o tutto degli 80 lotti verranno immediatamente chiusi al prezzo attuale di mercato.
La Margin Call si innescherà se il mercato si sposta contro di noi di 25 pips. Vediamo come si arriva a questi 25 pips. Ogni pip in un lotto mini vale 1 $ e noi abbiamo una posizione aperta di 80 mini lotti. Quindi:

$$1 \text{ \$/pip} \times 80 \text{ lotti} = 80 \text{ \$/pip}$$

- Se EUR/USD sale di 1 pip, il Capitale cresce di 80 $.
- Se EUR/USD scende di 1 pip, il Capitale scende di 80 $.

Di conseguenza, 2.000 $ di margine utilizzabile diviso per 80$/pip = 25 pips.
Supponiamo di aver acquistato gli 80 lotti di EUR/USD a 1.2000 $.
Se EUR/USD scendesse a 1,1975, quindi di 25 pips, avremmo:
- Capitale = 8.000 $
- Margine utilizzato = 8.000 $
- Margine utilizzabile = 0, quindi riceviamo una Margin Call.

Dopo la Margin Call il nostro conto è il seguente:
Capitale 8.000 $ Margine
utilizzato = 0 $
Margine utilizzabile = 0 $
Abbiamo perso 2.000 $, il 20%, nel giro di pochi secondi.

La Gestione del Rischio

Sebbene la leva implichi un certo livello di rischio, esistono diversi sistemi per gestire questo rischio e limitare le perdite potenziali.

In finanza, il rischio è la potenzialità che l'investimento scelto non produca i risultati previsti. Si potrebbero di conseguenza realizzare guadagni inferiori alle aspettative, ma anche perdere una parte o la totalità dei fondi impiegati, se non addirittura una cifra superiore.

In campo finanziario, quindi, il rischio è l'incertezza legata al valore futuro di un'attività o di uno strumento finanziario o, più in generale, di un qualsiasi investimento.

Un'attività patrimoniale si definisce rischiosa se il flusso monetario che produce è almeno in parte casuale, cioè nonè conosciuto in anticipo con certezza. Un titolo azionario è un classico esempio di attività rischiosa: non si può sapere se il prezzo aumenterà o diminuirà nel tempo, né se la società che lo ha emesso pagherà periodicamente i dividendi. Per quanto i titoli azionari siano considerati attività rischiose per eccellenza, in realtà ne esistono molte altre. Nel caso dei titoli obbligazionari, la società emittente potrebbe fallire e non restituire il capitale o corrispondere gli interessi ai sottoscrittori. Gli stessi titoli di Stato che maturano a 10 o 20 anni sono rischiosi: per quanto sia fortemente improbabile che il governo di un paese industrializzato vada in default, cioè non sia in grado di pagare quanto dovuto, il tasso d'inflazione può aumentare inaspettatamente, riducendo il valore reale degli interessi e del capitale restituito alla scadenza, e dunque il valore del titolo. Un'attività priva di rischio o risk-free garantisce un flusso monetario certo. I titoli di stato a breve termine dei paesi più avanzati, come i Treasury Bill americani o i BOT italiani, sono privi o quasi di rischio. Giungendo a scadenza nel volgere di pochi mesi, il rischio legato a un aumento inatteso dell'inflazione è esiguo, e si può essere ragionevolmente certi che il governo non mancherà di corrispondere alla scadenza il capitale e gli interessi. Altri esempi di attività risk-free sono i depositi bancari a vista e i certificati di deposito a breve termine.

- Gestire il rischio significa mettere in atto tutti gli accorgimenti necessari a controllare i fattori di incertezza legati a un'attività e a limitare gli effetti di potenziali eventi avversi. Nel caso dell'attività di compravendita di strumenti finanziari, la gestione del rischio si basa sulla distinzione fra potenziale di opportunità (upside risk) e potenziale di pericolo (downside risk).

Dal momento che l'impiego del risparmio ha come obiettivo l'ottenimento del massimo rendimento, la gestione del rischio di un portafoglio finanziario sarà volta a limitare il più possibile il verificarsi degli eventi negativi e a minimizzarne il relativo impatto, cercando di non ostacolare il verificarsi di eventi positivi. In altri termini, la gestione del rischio finanziario consiste nel minimizzare il downside risk, senza limitare troppo l'upside risk.

Gestire professionalmente il rischio di un portafoglio finanziario significa procedere a una sequenza di valutazioni, relative sia alle singole attività incluse nel portafoglio, sia ai rapporti di relazione fra queste, sia al portafoglio nel suo complesso, tale da permettere un'accurata pianificazione del rischio a cui il portafoglio viene esposto. Queste analisi consentono di definire una banda di oscillazione ideale del portafoglio e stabilire le azioni da intraprendere nel caso in cui il suo valore oscilli oltre la soglia prevista. L'attività di valutazione e analisi dei rischi parte quindi dalla stima della probabilità e del possibile impatto dei singoli eventi rischiosi, per giungere alla composizione di un quadro generale dei fattori d'incertezza a cui il portafoglio è esposto. A conclusione dell'attività di analisi e valutazione, il rapporto tra le opportunità e i rischi legati all'investimento dovrà bilanciare le aspettative e le esigenze del risparmiatore.

Il rischio può essere misurato da un valore statistico: la deviazione standard. Essa misura la volatilità di una variabile, cioè la probabilità che il valore della variabile oscilli nel tempo, e ha un valore compreso fra 0 e 1; al valore 0 corrisponde la certezza assoluta, a 1 la massima incertezza. Dunque, quanto più il valore della deviazione standard del rendimento di un portafoglio è elevato, tanto più elevato è il rischio. Ricerche empiriche condotte sul mercato azionario americano hanno dimostrato che un portafoglio composto da un solo titolo ha in media una deviazione standard di 0,49. Se si passa da 1 a 10 titoli, il rischio si dimezza. A venti titoli, il rischio è ulteriormente diminuito a 0,13. Con il progressivo aumentare del numero dei titoli, il rischio continua a diminuire, per quanto in proporzione sempre decrescente. Lo stesso vale per tutte le altre classi di attività definite dalla asset allocation.

Ma la diversificazione, per quanto spinta, non elimina completamente il rischio legato all'investimento in una classe di attività. La diversificazione può eliminare l'incertezza associata alle singole società, ma non il rischio aggregato, cioè l'incertezza associata all'andamento dell'economia nel suo complesso, che influenza l'andamento delle singole società. Per esempio, se l'economia entra in una fase recessiva, la maggior parte delle società vedrà diminuire il proprio fatturato, gli utili e il rendimento dei propri titoli azionari. In conseguenza, per evitare di essere eccessivamente esposti al rischio di un unico mercato, e approfittando del fatto che, storicamente, le recessioni non sono simultanee in tutti i paesi del mondo, è necessario rendere ancor più sofisticata la diversificazione, scegliendo opportunamente anche i mercati a cui esporre il proprio investimento, prendendo in considerazione non solo le economie avanzate, ma anche quelle emergenti o in via di sviluppo. Un'ulteriore possibilità di diversificazione è offerta dagli strumenti finanziari alternativi, che allargano la prospettiva del portafoglio anche ad attività non finanziarie o a strategie d'investimento innovative. Per apprezzare il rischio derivante da un investimento in strumenti finanziari è necessario tenere presenti i seguenti elementi:

• La variabile del prezzo dello strumento finanziario.
• La liquidità dello strumento finanziario.
• La divisa in cui è denominato lo strumento finanziario.
• La durata dello strumento finanziario.
• Altri fattori fonte di rischi generali.

La variabile del prezzo dello strumento finanziario

Il prezzo di ciascun strumento finanziario dipende da numerose circostanze e può variare in modo più o meno accentuato a seconda della sua natura.
Occorre distinguere innanzitutto tra titoli di capitale (i titoli più diffusi di tale categoria sono le azioni) e titoli di debito (tra i più diffusi titoli di debito si ricordano le obbligazionie i certificati di deposito), tenendo conto che:

• Acquistando titoli di capitale si diviene soci della società emittente, partecipando per intero al rischio economico della medesima; chi investe in titoli azionari ha diritto a percepire annualmente il dividendo sugli utili conseguiti nel periodo di riferimento che l'assemblea dei soci deciderà di distribuire. L'assemblea dei soci può comunque stabilire di non distribuire alcun dividendo.

- Acquistando titoli di debito si diviene finanziatori della società o degli enti che li hanno emessi e si ha diritto a percepire periodicamente gli interessi previsti dal regolamento dell'emissione e, alla scadenza, al rimborso del capitale prestato.

A parità di altre condizioni, un titolo di capitale è più rischioso di un titolo di debito, in quanto la remunerazione spettante a chi lo possiede è maggiormente legata all'andamento economico della società emittente. Il detentore di titoli di debito invece rischierà di non essere remunerato solo in caso di dissesto finanziario della società emittente. Inoltre, in caso di fallimento della società emittente, i detentori di titoli di debito potranno partecipare, con gli altri creditori, alla suddivisione, che comunque si realizza in tempi solitamente molto lunghi, dei proventi derivanti dal realizzo delle attività della società, mentre è pressoché escluso che i detentori di titoli di capitale possano vedersi restituire una parte di quanto investito. Per gli investimenti in strumenti finanziari è fondamentale apprezzare la solidità patrimoniale delle società emittenti e le prospettive economiche delle medesime tenuto conto delle caratteristiche dei settori in cui le stesse operano.

Si deve considerare che i prezzi dei titoli di capitale riflettono in ogni momento una media delle aspettative che i partecipanti al mercato hanno circa le prospettive di guadagno delle imprese emittenti. Con riferimento ai titoli di debito, il rischio che le società o gli enti finanziari emittenti non siano in grado di pagare gli interessi o di rimborsare il capitale prestato si riflette nella misura degli interessi che tali obbligazioni garantiscono all'investitore. Quanto maggiore è la rischiosità percepita dell'emittente tanto maggiore è il tasso d'interesse che l'emittente dovrà corrispondere all'investitore. Per valutare la congruità del tasso d'interesse pagato da un titolo si devono tenere presenti i tassi d'interessi corrisposti dagli emittenti il cui rischio è considerato più basso, e in particolare il rendimento offerto dai titoli di Stato, con riferimento a emissioni con pari scadenza. Con riferimento ai titoli di debito, l'investitore deve tener presente che la misura effettiva degli interessi si adegua continuamente alle condizioni di mercato attraverso variazioni del prezzo dei titoli stessi. Il rendimento di un titolo di debito si avvicinerà a quello incorporato nel titolo stesso al momento dell'acquisto solo nel caso in cui il titolo stesso venissedetenuto dall'investitore fino alla scadenza.

- Qualora l'investitore avesse necessità di smobilizzare l'investimento prima della scadenza del titolo, il rendimento effettivo potrebbe rivelarsi diverso da quello garantito dal titolo al momento del suo acquisto.

In particolare, per i titoli che prevedono il pagamento di interessi in modo predefinito e non modificabile nel corso della durata del prestito (titoli a tasso fisso), più lunga è la vita residua maggiore è la variabilità del prezzo del titolo stesso rispetto a variazioni dei tassi d'interesse di mercato.

Ad esempio, si consideri un titolo zero coupon, titolo a tasso fisso che prevede il pagamento degli interessi in un'unica soluzione alla fine del periodo, con vita residua 10 anni e rendimento del 10% all'anno; l'aumento di un punto percentuale dei tassi di mercato determina, per il titolo suddetto, una diminuzione del prezzo del 8,6%. E' dunque importante per l'investitore, al fine di valutare l'adeguatezza del proprio investimento in questa categoria di titoli, verificare entro quali tempi potrà avere necessità di smobilizzare l'investimento.

Come si è detto, il rischio specifico di un particolare strumento finanziario può essere eliminato attraverso la diversificazione, cioè suddividendo l'investimento tra più strumenti finanziari. La diversificazione può tuttavia risultare costosa e difficile da attuare per un investitore con un patrimonio limitato. L'investitore può raggiungere un elevato grado di diversificazione a costi contenuti investendo il proprio patrimonio in quote o azioni di organismi d'investimento collettivo (fondi comuni d'investimento e Società d'investimento a capitale variabile - SICAV). Questi organismi investono le disponibilità versate dai risparmiatori tra le diverse tipologie di titoli previsti dai regolamenti o programmi d'investimento adottati. Con riferimento a fondi comuni aperti, ad esempio, i risparmiatori possono entrare o uscire dall'investimento acquistando o vendendo le quote del fondo sulla base del valore teorico (maggiorato o diminuito delle commissioni previste) della quota; valore che si ottiene dividendo il valore dell'intero portafoglio gestito del fondo, calcolato ai prezzi di mercato, per il numero delle quote in circolazione. Occorre sottolineare che gli investimenti in queste tipologie di strumenti finanziari possono comunque risultare rischiosi a causa delle caratteristiche degli strumenti finanziari in cui prevedono d'investire (ad esempio, fondi che investono solo in titoli emessi da società operanti in un particolare settore o in titoli emessi da società aventi sede in determinati Stati) oppure a causa di una insufficiente diversificazione degli investimenti.

La liquidità dello strumento finanziario

La liquidità di uno strumento finanziario consiste nella sua attitudine a trasformarsi prontamente in moneta senza perdita di valore. Essa dipende in primo luogo dalle caratteristiche del mercato in cui il titolo è trattato. In generale, a parità di altre condizioni, i titoli trattati su mercati organizzati sono più liquidi dei titoli non trattati su detti mercati.

Questo perché la domanda e l'offerta di titoli viene convogliata in gran parte su tali mercati e quindi i prezzi ivi rilevati sono più affidabili quali indicatori dell'effettivo valore degli strumenti finanziari.

Occorre tuttavia considerare che lo smobilizzo di titoli trattati in mercati organizzati cui sia difficile accedere, perché aventi sede in paesi lontani o per altri motivi, può comunque comportare per l'investitore difficoltà di liquidare i propri investimenti e la necessità di sostenere costi aggiuntivi.

La divisa in cui è denominato lo strumento finanziario

Qualora uno strumento finanziario sia denominato in una divisa diversa da quella di riferimento per l'investitore, tipicamente l'euro per l'investitore italiano, al fine di valutare la rischiosità complessiva dell'investimento occorre tenere presente la volatilità del rapporto di cambio tra la divisa di riferimento (l'euro) e la divisa estera in cui è denominato l'investimento.

L'investitore deve considerare che i rapporti di cambio con le divise di molti paesi, in particolare di quelli in via di sviluppo, sono altamente volatili e che comunque l'andamento dei tassi di cambio può condizionare il risultato complessivo dell'investimento. Infatti, nel momento in cuisi acquista un titolo denominato in una valuta diversa occorre convertire il capitale finale in euro (nel caso di un'obbligazione anche le cedole). Se la valuta in cui è denominato il titolo si è rivalutata sulla moneta unica europea aggiungerà performance all'investimento e viceversa se avrà perso valore. Sebbene nel medio-lungo termine i tassi valutari tendano a rispecchiare la reale forza dell'economia del Paese cui si riferiscono, nel breve periodo le dinamiche dei mercati finanziari sono tali da rendere difficilmente prevedibile l'evoluzione del cambio. L'investimento fai da te in titoli in valuta estera è quindi tutt'altro che facile. Il ricorso a fondi d'investimento può invece risultare efficace grazie alla possibilità di diversificare il rischio valutario, con costi peraltro più contenuti rispetto a quelli sostenuti per un depositoamministrato.

La durata dello strumento finanziario

Molto spesso, per valutare il rischio di titoli e fondi obbligazionari e per agevolarne le comparazioni, si ricorreal concetto di duration. Quest'ultima rappresenta la durata finanziaria di un titolo (o, se si tratta di un fondo, della somma di tutti i titoli in portafoglio), cioè la sua vita residua ponderata con il flusso di cedole che pagherà in futuro. Espressa in anni o in giorni, la duration costituisce una misura del rischio delle obbligazioni. All'aumentare del suo valore aumenta, infatti, la volatilità del titolo e quindi il rischio di oscillazione della sua quotazione nel tempo al variare dei tassi d'interesse. Le obbligazioni a tasso variabile, in quanto titoli con cedole indicizzate ai tassi di mercato, presentano una duration bassa. Di conseguenza la loro volatilità è ridotta anche in presenza di moderate oscillazioni dei tassi. Le obbligazioni a tasso fisso, la cui cedola resta identica a prescindere dall'andamento dei tassi, presentano una duration più elevata rispetto ai Titoli diStato o ai bond a tasso variabile. Mostrano pertanto una maggiore volatilità e una reazione più marcata in caso di variazione dei tassi d'interesse.

- La duration di un portafoglio obbligazionario, come nel caso di un fondo d'investimento, è pari alla media ponderata delle duration dei singoli titoli che lo compongono.

Tramite l'indicatore di duration è possibile ottenere una misura della volatilità del titolo di riferimento. Si tratta di un valore regolarmente riportato nelle tabelle dei titoli obbligazionari pubblicate sui quotidiani finanziari e sui siti specializzati.

Esempio

Ipotizziamo di possedere 1.000 bond che valgono ognuno 108 euro (il controvalore complessivo è quindi pari a 108.000 euro), con una volatilità del 5,5%. Immaginiamo che vi sia una variazione dell'1% dei tassi di interesse. Applicando la formula semplificata:

Valore del titolo prima del rialzo dei tassi x rialzopercentuale dei tassi x volatilità

si ottiene:

108 x 0,01 x 0,055 = 0,594 = 5,94%

Tradotto in pratica significa che, nel caso i tassi di interesse aumentino dell'1%, il prezzo del bond in mio possesso, che si muove in direzione opposta ai tassi di mercato, scenderà del 5,94%, provocando, nel caso in esempio, una perdita di 6.415 euro circa.
Viceversa se i tassi diminuissero di un punto percentuale.
La stima così effettuata è approssimativa, ma può essere considerata un indicatore attendibile per valutare il possibile impatto della variazione dei tassi d'interesse sui titoli (o sul fondo) in proprio possesso.

Altri fattori fonte di rischi generali

L'investitore deve informarsi circa le salvaguardie previste per le somme di denaro e i valori depositati per l'esecuzione delle operazioni, in particolare, nel caso d'insolvenza dell'intermediario. La possibilità di rientrare in possesso del proprio denaro e dei valori depositati potrebbe essere condizionata da particolari disposizioni normative vigenti nei luoghi in cui ha sede il depositario nonché dagli orientamenti degli organi a cui, nei casi di insolvenza, vengono attribuiti i poteri di regolare i rapporti patrimoniali del soggetto dissestato. Prima di avviare l'operatività, l'investitore deve ottenere dettagliate informazioni a riguardo di tutte le commissioni, spese e altri oneri che saranno dovute all'intermediario. Tali informazioni devono essere comunque riportate nel contratto d'intermediazione.
L'investitore deve sempre considerare che tali oneri andranno sottratti ai guadagni eventualmente ottenuti nelle operazioni effettuate mentre si aggiungeranno alle perdite subite.

- Le operazioni eseguite su mercati aventi sede all'estero, incluse le operazioni aventi ad oggetto strumenti finanziari trattati anche in mercati nazionali, potrebbero esporre l'investitore a rischi aggiuntivi.

Tali mercati potrebbero essere regolati in modo da offrire ridotte garanzie e protezioni agli investitori. Prima di eseguire qualsiasi operazione su tali mercati, l'investitore dovrebbe informarsi sulle regole che riguardano tali operazioni. Deve inoltre considerare che, in tali casi, l'autorità di controllo sarà impossibilitata ad assicurare il rispetto delle norme vigenti nelle giurisdizioni dove le operazioni vengono eseguite. L'investitore dovrebbe quindi informarsi circa le norme vigenti su tali mercati e le eventuali azioni che possono essere intraprese con riferimento a tali operazioni. Gran parte dei sistemi di negoziazione elettronici o ad asta gridata sono supportati da sistemi computerizzati per le procedure di trasmissione degli ordini (order routing), per l'incrocio, la registrazione e la compensazione delle operazioni. Come tutte le procedure automatizzate, i sistemi sopra descritti possono subire temporanei arresti o essere soggetti a malfunzionamenti. La possibilità per l'investitore di essere risarcito per perdite derivanti direttamente o indirettamente dagli eventi sopra descritti potrebbe essere compromessa da limitazioni di responsabilità stabilite dai fornitori dei sistemi o dai mercati. L'investitore dovrebbe informarsi presso il proprio intermediario circa le limitazioni di responsabilità suddette connesse alle operazioni che si accinge a porre in essere.

I sistemi di negoziazione computerizzati possono essere diversi tra loro oltre che differire dai sistemi di negoziazione "gridati". Gli ordini da eseguirsi su mercati che si avvalgono di sistemi di negoziazione computerizzati potrebbero risultare non eseguiti secondo le modalità specificate dall'investitore o risultare ineseguiti nel caso i sistemi di negoziazione suddetti subissero malfunzionamenti o arresti imputabili all'hardware o al software dei sistemi medesimi. Gli intermediari possono eseguire operazioni fuori dai mercati organizzati.

L'intermediario cui si rivolge l'investitore potrebbe anche porsi in diretta contropartita del cliente (agire, cioè, in conto proprio). Per le operazioni effettuate fuori dai mercati organizzati può risultare difficoltoso o impossibile liquidare uno strumento finanziario o apprezzarne il valore effettivo e valutare l'effettiva esposizione al rischio, in particolare qualora lo strumento finanziario non sia trattato su alcun mercato organizzato. Per questi motivi, tali operazioni comportano l'assunzione di rischi più elevati. Prima di effettuare tali tipologie di operazioni l'investitore deve assumere tutte le informazioni rilevanti sulle medesime, le norme applicabili ed i rischi conseguenti:

- Il rischio di mercato
- Il rischio di liquidità

Il rischio di mercato si riferisce alla possibilità che il nostro portafoglio subisca delle perdite per effetto di variazioni nei fattori di rischio del mercato, ossia di quei componenti volatili del mercato che esercitano un'importante pressione sui prezzi. Generalmente, i principali fattori di rischio del mercato sono:

- Quotazioni azionarie.
- Tassi di interesse.
- Tassi di cambio.
- Prezzi delle materie prime.

Questi sono i quattro fattori chiave che esercitano un forte impatto sul mercato. Il rischio di mercato è anche detto volatilità.

Il rischio di liquidità deriva dalla possibilità di non poter negoziare un bene senza comprometterne il prezzo. Questo problema colpisce prevalentemente i mercati emergenti e a basso volume di contrattazioni e si presenta sotto due diverse forme:

- Liquidità beni - Si riferisce alla negoziabilità di un bene: per esempio, se nessuno vuole acquistare, l'azionista non sarà in grado di vendere il proprio bene, oppure dovrà venderlo a un prezzo meno favorevole. Quando i trader attivi sono numerosi, si viene in genere a creare una buona liquidità dovuta alla presenza di un insieme di acquirenti e venditori disponibili alla negoziazione. Tanto più un mercato è liquido quanto più è facile acquistare o vendere un bene. La liquidità beni rappresenta una parte importante del rischio di mercato.

- Liquidità di finanziamento - Si riferisce alla capacità di soddisfare tempestivamente i propri obblighi finanziari. Quindi, il rischio di liquidità di finanziamento è la possibilità che su un determinato periodo di tempo, una parte (per esempio la banca) non disponga dei fondi necessari per adempiere immediatamente ai propri obblighi. La liquidità di finanziamento si applica spesso ai mercati in cui si negoziano beni di elevato valore (quali il mercato immobiliare) o in grossi lotti.

Quando negoziamo è molto importante valutare il livello di rischio che possiamo realisticamente assumere.

Una volta valutato il rischio, possiamo calcolare la somma da impegnare nei vari investimenti. Ogni forma di investimento implica un proprio livello di rischio, per cui un portafoglio bilanciato dovrebbe essere strutturato come una piramide.

Dopo avere deciso il livello di rischio che siamo disposti ad assumere, possiamo utilizzare la piramide dell'investimento per suddividere i nostri beni in gruppi in base al loro livello di rischio. I prodotti meno rischiosi sono collocati alla base della piramide, che è molto ampia e rappresenta la parte preponderante del nostro portafoglio.

Di seguito riportiamo un esempio di portafoglio con rischio d'investimento:

- La base della piramide - È la parte più ampia della piramide ed è formulata in modo da sostenere gli altri investimenti. Qui dovremmo piazzare la maggior parte dei vostri investimenti, in beni a basso rischio e con ritorni più affidabili.
- Corpo medio - Questa sezione include gli

investimenti a medio rischio, che garantiscono un ritorno stabile ma anche una buona potenzialità di rivalutazione. Questi beni sono più rischiosi di quelli che si trovano alla base della piramide, ma dovrebbero essere relativamente sicuri.

- Il vertice della piramide - La cima della piramide è composta dagli investimenti più rischiosi. Dobbiamo investire solo somme che possiamo permetterci di perdere senza incorrere in gravi dissesti finanziari.

Naturalmente, la piramide funge da guida piuttosto che da un insieme di regole. Alcuni investitori sono maggiormente disposti a correre dei rischi rispetto ad altri, per cui dobbiamo valutare attentamente la nostra propensione. Pensiamo alla quantità di tempo e di denaro che possiamo investire, e al livello di profitto che vogliamo ottenere. Non possiamo formulare una strategia di trading sensata senza valutare attentamente il nostro approccio al rischio. Dopo tutto, anche gli investimenti relativamente sicuri possono presentare un certo livello di rischio, essendoci sempre la possibilità di perdere il denaro investito qualora i mercati si muovano contro di noi.

Ognuno di noi ha una propria percezione del rischio, e un investimento che rappresenta un'interessante opportunità per una persona può sembrare pericoloso e stressante per un'altra. È importante sentirsi a proprio agio con il livello di rischio assunto.

L'adozione di alcune chiare misure volte a controllare la vostra esposizione ci consentirà di assumere un atteggiamento realistico nei confronti del rischio.

Ecco alcuni metodi che possiamo utilizzare:

Diversificazione

Possiamo ridurre il rischio investendo in un'ampia gamma di settori diversi. Un portafoglio diversificato garantisce due vantaggi principali:

- Riduzione dell'impatto delle singole perdite. Se investiamo tutto il nostro capitale in azioni di una sola società, corriamo il rischio di perdere quasi tutto se quella società fallisce. Invece, se acquistiamo azioni di società diverse, le perdite derivanti dal fallimento di una di esse non avrà un effetto devastante sul nostro investimento totale. Tuttavia, nemmeno distribuendo il nostro capitale su una serie di azioni diverse possiamo essere completamente protetti. Il nostro profitto o perdita sarebbe sempre soggetto di tutti quei fattori economici che colpiscono il mercato azionario. Questo ci porta alla suddivisione del nostro investimento.

- Suddivisione del nostro investimento. Questo è l'elemento essenziale di un portafoglio bilanciato ed è detto allocazione dei beni. Si riferisce al modo in cui distribuiamo il nostro denaro tra le varie categorie di beni, quali azioni, bond, proprietà e altri investimenti. Queste classi di beni si muovono spesso in modo indipendente tra loro, se non addirittura in direzioni opposte, in funzione del loro rapporto economico. Possiamo anche diversificare all'interno della stessa classe, per esempio investendo in mercati di paesi diversi o di aziende che operano in settori differenti.

Rischio selezionato

Possiamo scegliere di eseguire transazioni più rischiose se il potenziale di guadagno è più elevato. Per esempio, possiamo decidere di aprire una posizione lunga su un bene volatile se la nostra analisi tecnica suggerisce che potrebbe a breve raggiungere un nuovo picco.

Naturalmente, non vi è alcuna garanzia che lo stesso pattern continui, ma associando l'analisi grafica con una valutazione della nostra propensione al rischio, possiamo decidere in modo consapevole quali negoziazioni rischiose valga la pena perseguire e quali no.

Gli Stop Loss

Lo strumento fondamentale che aiuta il trader a evitare forti perdite in conto capitale è lo stop loss (letteralmente "ferma la perdita"), cioè il livello massimo di perdita accettabile raggiunto il quale siamo disposti a chiudere una determinata operazione speculativa, grazie a un prestabilito ordine di liquidazione.

- Attraverso lo stop loss andremo ex ante a definire un "limite" alla perdita potenziale.

Esistono varie tipologie di stop di protezione in base alla tecnica con cui essi vengono calcolati. Non esiste certamente la metodologia universalmente valida, per cui spetterà al trader fissare lo stop loss in base al proprio grado di sopportazione delle perdite. Esistono diversi tipi di Stop loss che possono essere espressi in:

- Percentuale fissa. Con questo tipo di stop loss andiamo a fissare ex ante il prezzo di uscita come percentuale fissa sul prezzo d'entrata. Ad esempio, abbiamo acquistato azioni GAMMA a 15 euro e decidiamo di fissare uno stop loss al 3%. Per calcolare il livello d'uscita bisogna effettuare un semplice calcolo:

$$15 - (15*3/100) = 15 - 0,45 = 14,55 \text{ euro}$$

Logicamente, l'ampiezza (in percentuale) del nostro stop loss varierà a seconda del time frame scelto per la nostra operatività; infatti, per un investitore con un'ottica di medio-lungo periodo l'ampiezza dello stop di protezione tenderà ad allargarsi, mentre per uno speculatore che opera nel breve termine lo stop tenderà a ridursi. Il problema in cui si incorre utilizzando questa tipologia di stop è che non si va a tenere conto di livelli tecnici (supporti, resistenze, massimi, minimi) dove, generalmente, avviene una reazione dei prezzi, rischiando in questo modo di uscire prematuramente dal mercato.

- A valore monetario. Con questo sistema non si va a intaccare il proprio livello "limite" di sopportazione delle perdite, preservando tra l'altro il capitale totale a disposizione. Supponiamo che un investitore abbia un grado di sopportazione delle perdite pari a 100 euro per ogni trade. Ciò vuol dire che se egli ha aperto una posizione in acquisto su 1000 azioni GAMMA a 20 euro, il suo livello di stop loss sarà 19,90 euro. Questo metodo porta ad inconvenienti analoghi allo stop in percentuale.

- A punti fissi. E' usato principalmente quando si opera con i Futures. Perdere 500 punti in un future che quota 15.000 punti è la stessa cosa, dal punto di vista monetario, di perderne 500 con il future che quota 30.000 punti. In tutti e due i casi si perdono 500 punti moltiplicati il valore del tick. Dal punto di vista della percentuale però è diverso; nel primo caso si tratta di uno stop del 3%, nel secondo caso dell'1,5%.

Uno Stop loss può essere aggiunto alle negoziazioni prima di aprirle oppure modificando una posizione aperta. Impostiamo il livello di prezzo in modo che la nostra posizione chiuda se il mercato diventa negativo per noi.

- Uno stop loss di base non garantisce che la posizione chiuderà al livello di prezzo esatto specificato.

Se il prezzo di mercato improvvisamente mostra forti differenze verso ilbasso o verso l'alto, oltre il nostro livello di stop, è possibile che la nostra posizione venga chiusa a un livello di prezzo peggiore di quello definito. Questo fatto è noto come "slippage".

Esempio

Google scambia a 1.194 $ - 1.196 $.
Compriamo 10 azioni di Google.
Vogliamo limitare la perdita a 1.000 $, anche se occasionalmente potremmo perdere di più a causa dello slippage.
Posizioniamo uno Stop loss a 1.096 $.
Google fa un gap down direttamente a 1.094 $ e poi a 1.080 $.
La nostra posizione verrà chiusa a 1.094 $.
La nostra perdita sarà: 10*(1.196 - 1.094) = 1.020 $.

Un ordine con stop loss ci consente, quindi, di limitare la nostra perdita potenziale impostando un punto raggiunto il quale la nostra operazione verrà chiusa se il prezzo si muove contro di noi. Ha senso confrontare i profitti che si spera di ottenere su un investimento con il livello di rischio che occorre affrontare per conseguirli.
Per scoprire il nostro rapporto rischio/rendimento dobbiamo confrontare la somma che stiamo rischiando con il rendimento potenziale ed esprimere tale confronto sotto forma di rapporto. Per cui, se il rischio è di 200 € e il rendimento è di 400 €, il rapporto rischio/rendimento sarà pari a 1:2.

Per capire meglio questo concetto, vediamo il seguente esempio.

- Supponiamo di acquistare 200 azioni di Citigroup al prezzo di 27 $ ognuna, per un investimento complessivo di 5.400 $. Inseriamo uno stop loss a 25 $, quando il nostro investimento avrà un valore di 5.000 $, per assicurarci di non perdere più di 400 $.
- Secondo la nostra analisi grafica, ci aspettiamo che il prezzo raggiunga 31 $ nei prossimi mesi.
- In questo caso, siamo disposti a rischiare 2 $ ad azione (400 $) nella speranza di raggiungere 4 $ ad azione (800 $) alla chiusura della nostra posizione.
- Dato che siamo pronti a raddoppiare la somma rischiata, si può dire che il nostro rapporto rischio/rendimento è pari a 2:1.
- Per trovare il rapporto rischio/rendimento adeguato alle proprie esigenze occorre andare per tentativi.

Quando si deve decidere su un investimento di una certa importanza, è necessario distinguere tra decisioni razionali ed emotive. Non ha alcun senso seguire l'istinto per valutare se una data azione salirà o scenderà, a meno che non sia supportato da una solida analisi. Occorre disciplina per attenersi alla strategia d'investimento stabilita e implementarla in modo deciso, senza abbandonarsi a reazioni emotive dettate dallo stress o dall'adrenalina. Sapere quando realizzare i profitti e le perdite, soprattutto se i mercati sono volatili, è un fattore essenziale.
La creazione di un piano strutturato può aiutarci a gestire il rischio riconoscendo i nostri obiettivi e definendo la nostra strategia.

Stop garantito

Posizionare uno stop garantito al nostro trading pone un limite assoluto sulla perdita potenziale. Anche se il prezzo di mercato mostra improvvisamente un grande divario, la nostra posizione sarà chiusa esattamente al prezzo specificato, senza il rischio di slippage.

Uno 'Stop garantito' è disponibile solo per gli strumenti specificati. Se uno strumento supporta uno 'Stop garantito,' sarà chiaramente visibile una casella di controllo.

Gli stop possono essere disposti solo su una nuova negoziazione e non possono essere aggiunti a una posizione esistente.

- Uno Stop garantito può essere attivato/modificato solo quando lo strumento è disponibile ed è scambiato. Una volta che è attivo, non può essere rimosso, è solo possibile modificare il prezzo di stop.

La tariffa di regolazione spread per uno 'Stop garantito' non è rimborsabile una volta che questo è stato attivato e verrà visualizzata prima dell'approvazione.

Si noti che un prezzo di Stop garantito deve trovarsi a una certa distanza dal prezzo di negoziazione corrente dello strumento.

Esempio

Supponiamo che Google quoti 498 $/500 $
Compriamo 10 azioni Google, diciamo che la regolazione spread dello Stop garantito è di 10 $.

- Posizioniamo uno Stop garantito a 450 $.

Google scende a 400 $, voi siete assicurati di uscire dallaposizione a 450 $ e non a 400 $.
- Con uno Stop garantito su 10 azioni:
  Conto economico = 4.500 $ - 5.000 $ - 10 $ (Regolazione spread stop garantito) = - 510 $.
- Senza uno stop garantito:
  Conto economico = 4.000 $ - 5.000$ = -1.000 $.

Margine con stop garantiti

Quando inserite uno stop garantito in una posizione, il requisito di margine sarà pari al rischio totale.
Questo vienecalcolato moltiplicando la vostra esposizione per unità di variazione per la distanza tra il livello di stop e il livello di apertura del trade, più il premio sul rischio limitato che viene addebitato solo nel caso lo stop garantito venga eseguito.

Esempio

Supponiamo che la nostra quotazione relativa a Germany 30 sia pari a 4.702/4.703; decidiamo di acquistare un contratto con stop garantito.
Il valore di un contratto Germany 30 è pari a 25 $ per movimento di punto.
- Apriamo la posizione a 4.703 e inseriamo uno stop garantito a 20 punti di distanza, ovveroa 4.683 (4.703 – 20).

Il nostro massimo rischio è, quindi, di 25 x 20 = 500 $, dato che abbiamo inserito uno stop garantito.
Il premio per lo stop, se eseguito, è di 1,5 punti (1,5 x 25 = 37,50 $), con una perdita complessiva dell'operazione pari a 537,50 $.

Questo sarà anche il deposito che dovremo avere sul nostro conto per poter effettuare questa transazione.

Se non avessimo inserito alcuno stop garantito, il margine iniziale richiesto per il contratto sarebbe stato di 875 $.

Le percentuali di margine e i fattori di slippage possono variare, in base alle norme in vigore nel paese in cui è stato aperto il conto.

Margine con stop non garantiti

Dato che uno stop non garantito è soggetto allo slippage, il requisito di margine è superiore a quello richiesto da una posizione aperta con uno stop garantito. Il requisito di margine per una posizione con uno stop non garantito si articola in due parti:

- Deposito di rischio: esposizione per movimento unitario x distanza dello stop.
- Deposito di slippage: fattore di slippage x normale copertura iniziale.

Il normale margine iniziale è il margine richiesto per quei contratti in cui non viene inserito alcuno stop.

Il fattore di slippage è una percentuale applicata singolarmente ai vari mercati e normalmente compresa tra il 30% e il 60%.

Le percentuali di margine e i fattori di slippage possono variare, in base alle norme in vigore nel paese in cui è stato aperto il conto.

Esempio

Supponiamo che vogliamo aprire una posizione lunga su 1000 azioni di Citigroup a 28 $.

Dato che la copertura prevista per Citigroup è fissata al 10%, il normale margine iniziale è pari a:

$$10\% \times 1.000 \text{ azioni} \times 28 \text{ \$} = 2.800 \text{ \$}$$

Tuttavia, vogliamo impostare uno stop non garantito a quota 27 $, riducendo così il requisito di margine.
Per calcolare il nuovo requisito di margine, calcoliamo il deposito di rischio.
Per 1.000 azioni, l'esposizione per movimento unitario è:

$$1.000 \times 28 \text{ \$} - 1.000 \times 27,99 \text{ \$} =$$

$$28.000 \text{ \$} - 27.990 \text{ \$} = 10 \text{ \$}$$

Abbiamo selezionato una distanza dello stop di 100 (28,00 $ - 27,00 $), quindi, il nostro deposito di rischio sarà:

$$10 \text{ \$} \times 100 = 1.000 \text{ \$}$$

A questo dobbiamo aggiungere il deposito di slippage. Citigroup ha un fattore di slippage del 30%, e abbiamo visto in precedenza che il normale margine iniziale per 1.000 azioni di Citigroup è 2.800 $.

Quindi, il margine di slippage è:

$$30\% \times 2.800 = 840 \text{ \$}$$

113

Il requisito di margine totale sarà, quindi:

$$\$ + 840 \ \$ = 1.840 \ \$$$

contro i 2.800 $ che avremmo dovuto sborsare senza uno stop non garantito.

Avvisi di prezzo

Impostiamo gli avvisi di prezzo per ricevere una notifica quando il mercato raggiunge un prezzo di acquisto o di vendita specificato. A differenza di uno stop, un avviso di prezzo mantiene la posizione aperta, in modo da poter decidere quale azione intraprendere quando il mercato cambia.

Esempio

Il petrolio è scambiato a 105 $ al barile.
Pensiamo che se il petrolio verrà scambiato a 80 $ dollari ci sarà un'opportunità.

- È possibile impostare un avviso di prezzo per il petrolio a 80 $.

Il petrolio crolla a 78 $.
Riceveremo una mail e/o un SMS che comunicano il nuovo prezzo del petrolio.

Stop operativo

Uno stop operativo è simile a un limite di prezzo, in quanto entrambi sono progettati per proteggere il nostro profitto.

- Posizioniamo uno stop operativo quando apriamo la negoziazione ed esso si sposterà con il nostro profitto.

Se il mercato cambia, la nostra posizione chiuderà al nuovo livello dello stop operativo e non al livello originariamente impostato. Utilizzare uno stop operativo significa bloccare i profitti, limitando allo stesso tempo il rischio di svantaggio, senza la necessità di monitorare manualmente la posizione e regolare il prezzo di stop.

Esempio

Yahoo è scambiato a 45,51 $/45,73 $ (Vendi/Acquista).

Immettiamo un ordine di mercato con uno stop operativo di 50 pip = 0,5 $ = (-1,1%) per acquistare 100 azioni Yahoo. Compriamo 100 azioni Yahoo a 45,73 $.

- Pertanto, lo stop loss iniziale entrerà in gioco quando Yahoo è venduto a 45,51 $ - 0,5 $ = 45,01 $.

Il prezzo di Yahoo comincia a salire rapidamente e raggiunge 47,60 $.
Il nuovo prezzo di stop segue la modifica a 47,10 $.
Poi il prezzo di Yahoo continua a salire e raggiunge 49,75 $.
Il nuovo prezzo di stop segue nuovamente il cambiamento a 49,25 $.

116

Il prezzo di Yahoo comincia a muoversi in negativo per noi e raggiunge 42,51 $.

Si noti che uno stop operativo può essere negativo per noi se il mercato registra un "gap down" da 47,60 $ direttamente a 40 $.

- Dato che avevamo un prezzo di stop operativo fissato a 49,25 $, il broker esegue lo Stop Loss a questa cifra.

Riepilogo dei profitti:

$$100 * (49,25 \$ - 45,73 \$) = 352 \$$$

Trailing stop

La tecnica del trailing stop serve per seguire la posizione mano a mano che essa inizia a svilupparsi sollevando o abbassando lo stop loss, a seconda che siamo rispettivamente in posizione d'acquisto o in posizione di vendita allo scoperto.

Si tratta, dunque, di livelli di uscita dinamici.

Ipotizziamo di aver acquistato un titolo a 50 euro e di aver fissato uno stop loss iniziale a 48 euro. Il trailing stop verrà sollevato progressivamente verso 50, 52, 55, ecc. dal momento in cui i prezzi aumentano di valore.

Chiaramente non esiste una tecnica di trailing stop che ci assicuri, ex ante, il miglior risultato. Uno dei modi per utilizzare la tecnica del trailing stop è quella di posizionare lo stop loss sul minimo più basso degli ultimi tre giorni, se siamo in un trend al rialzo, oppure sul massimo degli ultimi tre giorni, se siamo in un trend al ribasso.

La logica sottostante a questa metodologia è che, quando un titolo si trova in forte trend, è difficile che ritracci per molti giorni consecutivamente. Un altro modo per posizionare il trailing stop è basato sui pattern grafici. La tecnica prevede di andare a collocare lo stop sul livello tecnico più significativo, ad esempio su un supporto, per una posizione in acquisto, o su una resistenza,per una posizione in vendita. Se il mercato è in trend, non dovremmo, infatti, andare oltre questi livelli di prezzo. Nel caso in cui, invece, vengano violati questi "punti critici" del mercato, è probabile allora che si verifichi un'inversione di tendenza.

La formula di Kelly

La formula di Kelly è una formula utilizzata per determinare la dimensione ottimale del capitale da investire in una scommessa. Nella maggior parte degli scenari di gioco e alcuni scenari di investimento, la strategia di Kelly farà sostanzialmente meglio di qualsiasi strategia diversa nel lungo periodo.

La teoria è stata enunciata da John Larry Kelly, Jr. nel 1956 sul Bell System Technical Journal. Edward O. Thorp ha dimostrato l'uso pratico della formula in un articolo del 1961 per la American Mathematical Society e più tardi nel suo libro Beat the Dealer (con Sheen Kassou).

Cerchiamo adesso di applicare il Criterio di Kelly, una delle tante tecniche che possono essere usate per gestire il proprio denaro in maniera efficiente.

John Kelly, che lavorava per il Bell Laboratory in AT&T , sviluppò originariamente la formula per la quale è conosciuto per studiare i problemi di noise sul segnale che si presentavano nelle telefonate in lunga distanza. Subito dopo che il metodo venne pubblicato, però, la comunità dei giocatori d'azzardo professionisti si rese conto del potenziale che il metodo esprimeva quando applicato allo studio della ottimizzazione delle puntate delle scommesse sulle corse dei cavalli. Il sistema permetteva, infatti, ai giocatori di massimizzare la scommessa ottimizzandola per il lungo periodo. Attualmente la Formula di Kelly è utilizzata da molti come sistema di money management non solo nei giochi d'azzardo ma anche nelle attività di investimento.

Ci sono due componenti fondamentali che costituiscono il criterio di Kelly:

- La probabilità di vincita (winning probability), la

probabilità, cioè, che ciascuna singola operazione (trade) si traduca in un risultato positivo (gain).

- Rapporto tra "media vincita/media perdita", "winAv/lossAv" ratio, il valore medio delle operazioni chiuse in vincita, media del gain, diviso per il valore medio delle operazioni chiuse in perdita, media del loss.

Questi due fattori sono inseriti nella equazione di Kelly:

$$Kelly \% = W - ((1 - W) / R)$$

dove:
- W = Winning probability
- R = WinAverage/LossAverage ratio

Il risultato è la "percentuale di Kelly" (Kelly %).
Il sistema di Kelly può esser messo in opera seguendo i seguenti steps:
- Registriamo le nostre ultime 50 operazioni sul mercato. Prendiamo la lista delle operazioni fatte con il nostro broker oppure, se stiamo usando un sistema meccanico di trading, possiamo registrare i valori ottenuti.
- Calcoliamo il "W", cioè le probabilità di vincita. Per fare questo, dividiamo il numero delle operazioni che hanno generato un gain per il totale delle operazioni effettuate, positive e negative. Il risultato sarà un numero compreso tra 0 e 1. Ad esempio: 60 operazioni totali, di cui 35 chiuse in gain e 25 chiuse in loss. W= 35/60 = 0,58.
- Calcoliamo "R", cioè il rapporto "winAv/lossAv". Per fare questo dividiamo il valore medio del gain generato dalle operazioni positive per il valore medio

dei loss. Ad esempio: media delle operazioni in gain = 600 €; media delle operazioni chiuse in loss = 350 €. Di conseguenza: R = 600/350= 1,71.

• Inseriamo i valori W e R ottenuti, nella equazione: Kelly K% = W - ((1 - W) / R) = 0,58 - ((1 - 0,58) / 1,71) = 0,58 - 0,24 = 0,34 = 34%
• Segniamo il risultato ottenuto.

La formula produce come risultato un numero minore di 1, che rappresenta la dimensione della posizione che dovrebbe essere assunta sul mercato, cioè, la percentuale del nostro portafoglio che dovremmo utilizzare in un singolo trade per massimizzare il ritorno del portafoglio stesso nel lungo periodo e per minimizzarne i rischi, percentuale calcolata in base ai parametri che abbiamo inserito nel simulatore.

Nel nostro esempio, il risultato dell'equazione è pari a 0,36, quindi dovremmo usare il 34% del nostro portafoglio per ogni singola posizione che andremo ad assumere sul mercato, o meglio, la percentuale di investimento con questi parametri può raggiungere il 34% senza esporci al rischio di andare in rovina. Percentuale in ogni caso molto elevata.

Il sistema richiede anche senso pratico, comunque. Unaregola da tenere a mente, indipendentemente da quello che potrebbe risultare applicando i nostri dati statistici alla formula di Kelly, è di non investire mai più del 20-25% del nostro capitale in un singolo strumento. Una posizione superiore a questa percentuale sarebbe un rischio troppo elevato per chiunque, nel lungo periodo.

Il sistema di Kelly si basa sull'applicazione di una formula matematica ma alcuni potrebbero domandarsi se, un sistema sviluppato per studiare fenomeni di rumore su linee telefoniche, possa essere adatto anche al mercato azionario. Mostrando la crescita simulata di un conto di trading basata su un modello matematico, si può dimostrare la sua affidabilità; necessariamente, le due variabili richieste devono essere inserite correttamente e ci si basa sull'ipotesi che l'investitore mantenga fissi i parametri di rischio (le variabili) assunti in origine.

Teniamo comunque presente che nessun sistema di money management è perfetto; questo sistema ci aiuta a diversificare il portafoglio in maniera efficiente, ma ci sono molte cose che il sistema non può fare:

- Non può selezionare il titolo vincente per conto nostro (stock picking).
- Non può assicurarci che continueremo a fare trading con gli stessi parametri di adesso (rapporto win/loss e winning probability).
- Non può predire improvvisi market crash.

Inoltre, c'è sempre un certo livello di "fortuna" o casualità nel mercato che può alterare le nostre performance "ideali". Il money management non può assicurarci che otterremo sempre degli strabilianti ritorni positivi dalle nostre operazioni, ma può aiutarci a limitare e contenere le perdite e a ottimizzare e massimizzare i guadagni attraverso un'efficiente diversificazione di portafoglio.

Il Criterio di Kelly è uno dei tanti modelli che possono essere usati per aiutarci a fare questo... diversificare.

Facciamo un altro esempio.

- Registriamo le nostre ultime 60 operazioni sul mercato.
- Calcoliamo il "W", cioè le probabilità di vincita. Ad esempio: 60 operazioni totali di cui 20 chiuse in gain e 40 chiuse in loss. W= 20/60 = 0,33.
- Calcoliamo "R", cioè il rapporto "winAv/lossAv". Ad esempio: media delle operazioni in gain = 400 €; media delle operazioni chiuse in loss = 320 €. Di

conseguenza: R = 400/320= 1,25.

- Inseriamo i valori W e R ottenuti, nella equazione:
Kelly K% = W - ((1 - W) / R) = 0,33 - ((1 - 0,33) / 1,25)
= 0,33 - 0,53 = -0,20 = -20%

La formula restituisce un valore negativo.
Tale risultato deve essere letto in questo modo: non esiste alcun sistema di money management in grado di far vincere uno scommettitore se la sua aspettativa matematica di vittoria è negativa. Se applichiamo questa logica al trading, potremmo dire che in base al payout offerto dal broker, se il trader non è in grado di chiudere almeno il 50% di posizioni in positivo, non esiste gestione del capitale che tenga, finirà per perdere tutto il capitale.

Conclusioni

La perdita massima, espressa come percentuale sull'investimento, è superiore quando operiamo in leva. Occorre però osservare che il massimo rischio, ossia la cifra più alta che potremmo perdere, è uguale sia che acquistiamo gli asset per il loro intero valore sia che versiamo solo un deposito.
È quindi importante che pensare in termini di valore totale della posizione e non solo al margine che abbiamo anticipato; pertanto non dovremmo effettuare un investimento con leva senza essere pronti a coprire interamente eventuali perdite.
Quello che può sembrare uno strumento interessante con potenzialità positive per l'investitore presenta, invece, dei rischi che devono quindi essere tenuti nella dovuta considerazione. Infatti, se il sistema finanziario nel suo complesso lavora con una leva molto elevata e gli istituti finanziari si prestano soldi a vicenda per moltiplicare i possibili profitti, la perdita di un singolo investitore può innescare un effetto domino contagiando l'intero mercato finanziario. Le banche sono tipicamente dei soggetti che operano con un grado più o meno elevato di leva finanziaria; a fronte di un determinato capitale netto, il totale delle attività in cui le risorse sono investite è generalmente molto più elevato.
Ad esempio, una banca con capitale proprio pari a 100 € e leverage pari a 20 gestisce attività per 2.000 €. Una perdita dell'1% delle attività comporta la perdita del 20% del capitale proprio. Lo sviluppo del mercato per il trasferimento del rischio di credito, dagli intermediari finanziari al mercato, ha fatto sì che il modello di banca tradizionale, denominato "originate-and-hold": «crea edetieni», ovvero la banca che ha

erogato il prestito lo mantiene in bilancio fino alla scadenza, sia stato sostituito per molti operatori da quello "originate-to-distribute": "crea e distribuisci", ovvero l'intermediario seleziona i debitori, ma poi trasferisce ad altri il prestito, recuperando la liquidità e il capitale regolamentare prima impegnati, la cosiddetta cartolarizzazione, o il puro rischio di credito, derivati creditizi, con benefici solo sui requisiti patrimoniali, con l'effetto di un ulteriore incremento della leva finanziaria. La diffusione di questo secondo modello di banca è uno dei fattori che spiegano la crisi innescatasi sul mercato dei mutui subprime.

L'inflazione dei prezzi immobiliari ha sostenuto l'emissione dei prestiti cartolarizzati e lo sviluppo esponenziale del relativo mercato, consentendo alle banche di realizzare enormi profitti e, allo stesso tempo, incrementare la leva finanziaria. Ma "la macchina da soldi" non poteva durare a lungo e alla fine molte banche si sono ritrovate senza capitale sufficiente per assorbire le perdite derivanti dall'inversione di tendenza del mercato immobiliare, risultando di fatto come aziende fallite.

Nel frattempo l'esempio delle banche si è diffuso all'interno del sistema finanziario propagandosi a tutte le altre istituzioni finanziarie; la leva finanziaria aveva preso il sopravvento, soprattutto negli Stati Uniti, generando un enorme volume di investimenti a rischio che poggiava su una frazione infinitesima di capitale azionario. Pensiamo all'emissione dei cosiddetti "CDS, Credit Default Swaps", strumenti derivati utilizzati per coprirsi dal rischio di default del soggetto debitore; alcune compagnie di assicurazione erano fortemente esposte sul mercato immobiliare e quando quest'ultimo è crollato e il valore dei mutui è sceso, hanno cominciato a perdere senza aver capitale sufficiente per assorbire le perdite derivanti dall'emissione di quegli strumenti.

Per non rischiare di fallire e ritornare a livelli di capitale bancario sufficiente si può ricorrere ad aumenti di capitale, alla riduzione dell'importo dei prestiti alle imprese, mediante la concessione di un numero inferiore di nuovi prestiti e non rinnovo di quelli già emessi, e alla dismissione di altre attività liquide, per lo più azioni.

Il risultato di tutto ciò, nel periodo di scoppio della crisi dei subprime, è stato un congelamento del credito e un crollo del mercato azionario. Questi sono i principali canali attraverso cui la crisi finanziaria ha colpito l'economia reale. Il razionamento del credito ha colpito gli investimenti e il calo del mercato azionario, che si aggiunge al calo dei prezzi delle abitazioni, ha ridotto il valore della ricchezza delle famiglie e quindi dei consumi.

Sappiamo che un determinato livello di leverage è fisiologico per sostenere la crescita economica, anche se non abbiamo indicazioni di quale ne sia il livello ottimale. La storia però ci insegna come in un sistema economico- finanziario sempre più globalizzato e interdipendente la leva finanziaria possa rappresentare un fattore scatenante delle bolle speculative. Ed è in questi periodi che si genera lo scollamento più forte tra finanza ed economia reale.

Dopo aver parlato di derivati e leva finanziaria e aver accennato alla crisi finanziaria degli anni 2007-2009 la connessione che segue in modo naturale è il tema della "securitisation" (in italiano cartolarizzazione), argomento ampiamente dibattuto quando si analizzano le interrelazioni tra il mondo della finanza e quello dell'economia reale.

La "securitisation" è una tecnica finanziaria usata per attingere risorse finanziarie aggiuntive, sempre più diffusa nel panorama economico finanziario. La sua diffusione come strumento per la raccolta di finanziamenti e come fonte alternativa di reddito è cresciuta notevolmente negli ultimi anni, tanto nel settore privato quanto in quello pubblico, divenendo una delle componenti principali del cosiddetto "sistema bancario ombra".

Con riferimento alla citata crisi, la cartolarizzazione ha consentito alle banche di alimentare il meccanismo di concessione dei mutui subprime «senza preoccupazioni».

Tecnicamente, la cartolarizzazione del debito è un processo attraverso il quale una o più attività finanziarie indivise e illiquide, in grado di generare dei flussi di cassa, quali ad esempio i crediti di una banca, vengono "trasformate" in attività divise e vendibili, ossia in titoli obbligazionari denominati Asset Backed Securities (ABS).

A seconda del sottostante che viene cartolarizzato, si può parlare di titoli:

- MBS - Mmortgage Backed Securities - il cui sottostante sono mutui.
- CDO - Collateralized Debt Obligation - il cui sottostante sono titoli obbligazionari pubblici o privati.
- ABCP - Asset Backed Commercial Paper - il cui sottostante è rappresentato da crediti a brevissimo/breve termine.

Classico esempio di cartolarizzazione è rappresentato da una banca che abbia fra le sue attività un certo numero di prestiti immobiliari; se la banca decide di cartolarizzare tali attività allora emetterà dei titoli, che hanno come garanzia quei mutui, che poi verranno venduti a investitori privati o istituzionali.

Nella sostanza, la banca cede l'insieme dei suoi mutui a una Società Veicolo, la SPV - Special Purpose Vchicle - istituita ad hoc, la quale emette delle obbligazioni, nel caso specifico dei mutui le Mortgage Backed Securities, che colloca presso gli investitori, e successivamente utilizza il ricavato della vendita delle obbligazioni per acquistare i mutui stessi. In tal modo il rischio viene trasferito ai sottoscrittori finali delle obbligazioni, in quanto il rimborso degli interessi che maturano e del capitale a scadenza collegato alle obbligazioni è strettamente dipendente dall'effettiva riscossione delle rate dei mutui stessi. I pagamenti destinati agli investitori in titoli cartolarizzati dipendono esclusivamente dai flussi di cassa prodotti dai crediti ceduti.

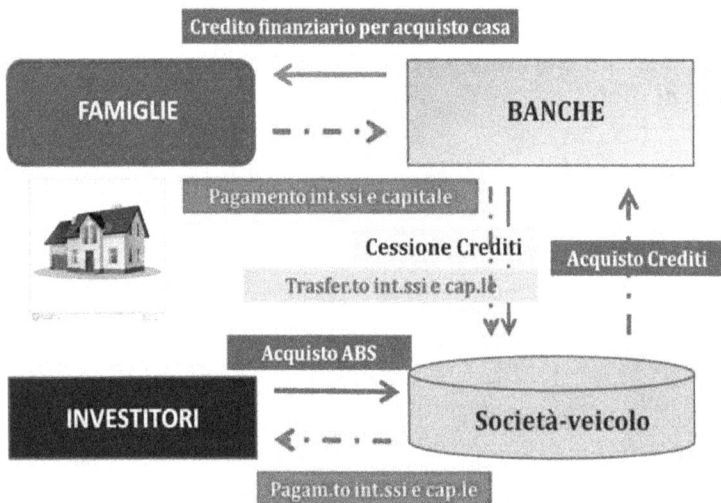

Come noto, negli anni antecedenti la crisi dei mutui subprime vi è stata una crescita molto sostenuta delle cartolarizzazioni a livello globale, raggiungendo un picco (nell'ammontare in circolazione) pari rispettivamente a circa 11 mila miliardi di dollari negli Stati Uniti e a 2 mila miliardi di euro in Europa. Mentre negli Stati Uniti, dopo il tracollo del 2008, tali consistenze si sono riprese, in Europa la ripartenza è stata più lenta.

La crescita esponenziale di questi strumenti è stata dovuta anche al forte sviluppo di strutture quali i già citati CDO che, a loro volta, sono divenuti il sottostante delle cosiddette

CDO-squared, che possono essere considerate delle vere e proprie CDO "al quadrato" o CDO sintetiche. Al posto di avere come sottostante un portafoglio di obbligazioni, prestiti e altri titoli di credito, le CDO-squared sono quindi supportate da emissioni di CDO.

In pratica, le CDO-squared consentono alle banche di "impacchettare" il rischio di credito di cui si sono fatte carico detenendo delle CDO. Le SPV con le CDO-squared "impacchettano" delle CDO che poi verranno divise in tranches e vendute agli investitori sui mercati finanziari.

Sulla scia di questi prodotti finanziari sono stati creati anche i cosiddetti CDO-cubed, il cui sottostante è rappresentato da titoli di CDO-squared.

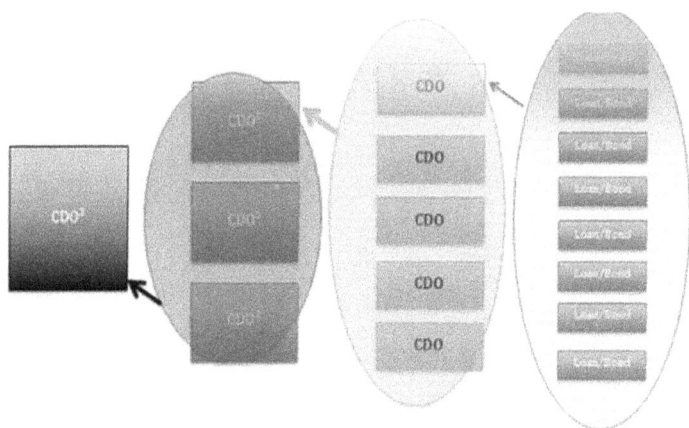

Di fatto, la proliferazione di questi strumenti sempre più complessi ha consentito una moltiplicazione delle emissioni e un trasferimento dei rischi delle attività originarie sottostanti senza più controllo. Nel pieno della crisi finanziaria del 2007-2009 la securitisation è stata individuata come uno dei maggiori responsabili della stessa e, conseguentemente, l'attenzione degli investitori, dei legislatori e dei regolatori non è sicuramente stata più benevola nei confronti dello strumento.

Una volta messa in sicurezza la stabilità finanziaria, anche per via dei numerosi provvedimenti legislativi e regolamentari che hanno riguardato il settore finanziario, la securitisation è oggi nuovamente vista come un meccanismo potenziale per favorire il trasferimento dei rischi e per incrementare la capacità delle banche di liberare risorse ulteriori da destinare al finanziamento dell'economia, divenendo, di fatto, un ponte naturale tra ilcredito di origine bancaria e la finanza basata sul mercato.